AKAL / PENSAMIENTO CRÍTICO

96

C000157606

Diseño interior y cubierta: RAG

Motivo de cubierta: Antonio Huelva Guerrero
Instagram: @sr.pomodoro

Título original: *Les besoins artificiels. Comment sortir du consumérisme*

© Éditions La Découverte, 2019

© Ediciones Akal, S. A., 2021
para lengua española
Sector Foresta, 1
28760 Tres Cantos
Madrid - España
Tel.: 918 061 996
Fax: 918 044 028
www.akal.com

ISBN: 978-84-460-5112-1
Depósito legal: M-22.126-2021

Impreso en España

Razmig Keucheyan

Las necesidades artificiales
Cómo salir del consumismo

Traducción de
Alcira Bixio

akal

ARGENTINA
ESPAÑA
MÉXICO

«Una revolución radical solo puede ser la revolución de las necesidades radicales».

Karl Marx, *Contribución a la crítica de la teoría del derecho de Hegel*, 1943.

PRÓLOGO

La ecología de la noche

EL DERECHO A LA OSCURIDAD

Si bien no figura en la Declaración de los derechos del hombre y del ciudadano de 1789 ni en la Declaración universal de los derechos del hombre de 1948, el derecho a la oscuridad está en camino de convertirse en un nuevo derecho humano. Pero, ¿cómo llega la oscuridad a reivindicarse como derecho? La «contaminación lumínica» es uno de los flagelos de nuestro tiempo. Esta expresión designa la omnipresencia creciente en nuestras vidas de la luz artificial que, a cambio, lleva a la desaparición de la oscuridad y de la noche. Como las partículas finas, los desechos tóxicos o los perturbadores endócrinos, la luz, pasado cierto umbral, llega a ser una forma de contaminación. En el transcurso del último medio siglo, en los países desarrollados el nivel de iluminación se ha multiplicado por diez[1].

En consecuencia, lo que en su origen fue un progreso, el alumbrado público e interior que permitió una diversificación y un enriquecimiento sin precedentes de las actividades humanas nocturnas, se ha transformado en un perjuicio. La contaminación lumínica, en primer lugar, es nefasta para el medioambiente, para la fauna y la flora[2]. Un caso notable es el de

---

[1] Véase Royal Astronomical Society of Canada, *Guidelines for Outdoor Lighting in Dark-Sky Preserves*, Toronto, 2013, p. 4.

[2] Véase Samuel Challéat, «La pollution lumineuse: passer de la définition d'un problème à sa prise en compte technique», en Jean-Michel Deleuil (comp.), *Éclairer la ville autrement. Innovation et expérimentations en éclairage public*, Lausana, Presses Polytechniques Universitaires Romandes, 2009, pp. 182-197.

las aves migratorias: el halo luminoso que envuelve las ciudades les desorienta y esa desorientación les incita a emigrar para instalarse prematuramente en sus cuarteles de verano o a volar alrededor de ese halo hasta quedar agotadas o, a veces, hasta morir. Lo mismo experimentan ciertos insectos, atraídos por la iluminación. La luz natural es un mecanismo de atracción y repulsión que estructura el comportamiento de las especies. En el caso de las plantas, la intensidad y la duración de la luminosidad es un indicador de las estaciones. Una luz demasiado intensa que extiende artificialmente el día retrasa los procesos bioquímicos mediante los cuales las plantas se preparan para el invierno[3].

Pero la contaminación lumínica es principalmente nociva para el ser humano. Numerosas personas tienen dificultades para dormirse porque el exceso de luz demora la síntesis de la melatonina, que se conoce como «la hormona del sueño». El cuerpo humano está compuesto de un conjunto de relojes biológicos cuyos ciclos están determinados por la sucesión del día y de la noche, sucesión sobre la que se basan otros ciclos mensuales y estacionales. Este conjunto de relojes se designa con la expresión «ritmo circadiano», derivada de las palabras latinas *circa dies*, «alrededor del día».

Ahora bien, la contaminación lumínica altera ese ritmo. Puesto que la melatonina regula la secreción de otras hormonas, su desajuste afecta numerosos aspectos de nuestro metabolismo: la presión arterial, el estrés, la fatiga, el apetito, la irritabilidad o la atención. El color azul, principalmente presente en el espectro luminoso de las nuevas tecnologías –las pantallas de la televisión, de los ordenadores o de los teléfonos móviles–, es especialmente nocivo en este sentido.

Estudios médicos convergentes establecen un vínculo entre la contaminación lumínica y el cáncer, sobre todo el cáncer de mama. Un artículo publicado en una revista de crono-

---

[3] Véase Travis Longcore y Catherine Rich, «Ecological light pollution», *Frontiers in Ecology and the Environment* 2/4 (2004), p. 7.

biología –la ciencia de los efectos del tiempo en los seres vivos– en 2008 muestra una covariación entre el nivel de iluminación artificial de una región y la tasa de cáncer de mama en Israel[4]. La luz artificial dista mucho de ser el único factor que influye en la aparición del cáncer de mama, pero es uno de ellos.

Además de regular nuestros relojes biológicos, la melatonina es un antioxidante y una de sus funciones es combatir las células cancerosas. Por consiguiente, una alteración de sus ritmos tiene un impacto sobre la probabilidad de sufrir algún tipo de cáncer.

Un estudio realizado por epidemiólogos de la Universidad de Connecticut comprueba que en las mujeres ciegas la tasa de casos de cáncer se reduce a la mitad del promedio[5]. Al vivir en una oscuridad permanente y, además, durmiendo más horas, las mujeres ciegas segregan niveles de melatonina más elevados.

La contaminación lumínica provoca, por lo tanto, consecuencias fisiológicas y psicológicas indisociables en los seres humanos y muestra que nuestros estados psicológicos, al menos algunos de ellos, se sustentan en procesos bioquímicos. El medioambiente, en este caso el nivel de iluminación artificial, tiene un impacto en esos procesos. Nuestros pensamientos y nuestros humores están conectados con el entorno que nos rodea y con las alteraciones que sufre. Hoy, el espíritu humano está –literalmente– contaminado[6].

---

[4] Véase Itaï Kloog *et al.*, «Light at night co-distributes with incident breast but not lung cancer in the female population of Israël», *Chronobiology International* 25/1 (2008), citado por Samuel Challéat, «La pollution lumineuse: passer de la définition d'un problème à sa prise en compte technique», cit., p. 185.

[5] Véase Angelina Tala, «Lack of sleep, light at night can raise cancer risk», *Medical Daily*, 11 de octubre de 2011.

[6] Véase Barbara Demeneix, *Le Cerveau endommagé. Comment la pollution altère notre intelligence et notre santé mentale*, París, Odile Jacob, 2016.

Además de estas dimensiones fisiológicas y psicológicas, la contaminación lumínica tiene una dimensión cultural. Desde los orígenes de la humanidad, observar el cielo estrellado es una experiencia existencial. Cualquier individuo tiene la capacidad de vivirla, hasta cierto punto, independientemente de su clase, de su género o de su raza. En este sentido es una experiencia universal. Ahora bien, de los jóvenes actuales, ¿cuántos han podido admirar aún la Vía Láctea? ¿Cuántos han vivido la experiencia de pasar toda una noche al aire libre observando las estrellas?

En 2001 una revista de astronomía publicó un estudio que marcó un hito en el proceso que nos ha hecho cobrar conciencia de la contaminación lumínica[7] titulado *Atlas mundial de la luminosidad artificial nocturna (World Atlas of Artificial Night Brightness)*. Este atlas, actualizado con el paso de los años, probablemente tenga el mismo efecto en este debate del futuro que la primera fotografía de la Tierra –la «canica azul» *(the blue marble)*– tomada por los astronautas del *Apollo 17* en 1972 y que dio gran impulso al surgimiento de una conciencia ecológica global.

El atlas ofrece una serie de mapas –de una belleza trágica– del mundo y de los continentes. Al resaltar la luz artificial nocturna con un efecto brillante revela la amplitud de la contaminación nocturna.

Los niveles de luminosidad nocturna son una función explícita de la demografía y del desarrollo económico de una región. Cuanto más elevado es el PIB per cápita, tanto más altos se revelan los niveles de luminosidad[8]. Así, en el mapa de Europa vemos pocas regiones sin luz artificial nocturna, su superficie está resaltada en amarillo brillante casi por entero.

---

[7] Samuel Challéat y Dany Lapostolle, «(Ré)concilier éclairage urbain et environnement nocturne: les enjeux d'une controverse sociotechnique», *Nature Sciences Sociétés* 22/4 (2014), p. 320.

[8] Véase Terrel Gallaway *et al.*, «The economics of global light pollution», *Ecological Economics* 69/3 (2010).

El mapa de África, por el contrario, aparece relativamente poco afectado por el fenómeno, con vastas zonas en sombra en el centro. Singapur es el lugar más luminoso del mundo. En este país, la noche está tan iluminada que el ojo humano pierde la capacidad de adaptarse enteramente a la visión nocturna, la visión llamada «escotópica». Allí es de día permanentemente, pero es un día permanente artificial y no natural como lo es en Escandinavia durante el verano. De los países del G20, Arabia Saudí y Corea del Sur son los que tienen el mayor porcentaje de su población expuesta a cielos nocturnos señalados como «extremadamente claros».

Una impresionante sucesión de mapas de Estados Unidos ilustra el avance de la luz artificial entre las décadas de los cincuenta, setenta, noventa y el año 2020. La tendencia se acelera justamente en los años cincuenta y su progresión indica que la noche negra habrá desaparecido del territorio de Estados Unidos a lo largo de la década de 2020. En el otro extremo de la escala, el Chad, la República Centroafricana y Madagascar se cuentan entre los países con menos contaminación lumínica.

También los océanos sufren los efectos de esta contaminación. En la actualidad, el calamar se pesca utilizando potentes lámparas de halogenuro metálico que lo atraen hacia la superficie del agua. Esas flotas de pescadores a veces pueden verse desde el espacio pues la luz que emiten en ocasiones supera en intensidad a la de las megalópolis a lo largo de las cuales navegan[9].

La edición de 2016 del *Atlas mundial de la luminosidad artificial nocturna* lo dice:

Se observa que el 83 por 100 de la población mundial y más del 99 por 100 de las poblaciones estadounidenses y europeas vi-

---

[9] Véase Verlyn Klinkenborg, «Our vanishing nights», *National Geographic*, noviembre de 2008.

ven bajo cielos contaminados por la luz [...] Como consecuencia de la contaminación lumínica, la Vía Láctea solo es visible para un tercio de la humanidad. El 60 por 100 de los europeos y casi el 80 por 100 de los estadounidenses no pueden contemplarla[10].

La experiencia existencial que constituye el hecho de permanecer bajo un cielo estrellado, durante toda una noche al aire libre, tiende pues a empobrecerse y a desaparecer. La crisis ambiental que sufre la humanidad, uno de cuyos componentes es la contaminación lumínica, tiene una dimensión *cósmica*. Pone en peligro no solo el «medioambiente» concebido abstractamente, sino también cierta experiencia del mundo, con sus ritmos y sus contrastes[11].

En 1941, Isaac Asimov publicó *Anochecer (Nightfall)*, una de las novelas que lo hicieron célebre[12]. La acción transcurre en Lagash, un planeta rodeado de varios soles que lo bañan en una luz eterna. Sus habitantes nunca pueden vivir la experiencia de la noche ni de las estrellas. Por lo tanto, no saben que están circundados por un cosmos. En ocasión de un improbable alineamiento de los soles, Lagash queda sumergido en la oscuridad durante medio día. Esta perspectiva –anodina para nosotros– sume a sus habitantes en el terror pues están convencidos de que es imposible vivir durante la noche. Las «tinieblas» se imponen y acarrean el derrumbe de la civilización. La población, incapaz de soportar la oscuridad y al descubrir de pronto la inmensidad del cosmos y de las estrellas, se lanza a incendiar las ciudades para engendrar luz, cueste lo que cueste.

En la escala individual y colectiva, sugiere Asimov en esta novela breve, la humanidad se construye en la relación con la

---

[10] Véase Fabio Falchi *et al.*, «The New World atlas of artificial night sky brightness», *Science Advances*, junio de 2016, p. 4.

[11] Véase también «The dark side of too much light», *Financial Times*, 21-22 de enero de 2017.

[12] Véase Isaac Asimov, «Nightfall», *The Complete Stories*, vol. 1, Dobleday, Nueva York, 1992 [ed. cast.: *Anochecer y otros cuentos*, Barcelona, Ediciones B, 1992].

noche, aprendiendo a dominar las angustias que suscita, pero para lograrlo necesita de la sucesión regular del día y la noche. Si la noche sobreviene de golpe, sin previo aviso, hay grandes probabilidades de que esas angustias nos desborden. La tentación de abolir la noche, de vivir en un día eterno, denota el rechazo a acceder a la edad adulta. Señala, más precisamente, el rechazo a aceptar la finitud.

LA HEGEMONÍA DE LA LUZ

¿Cómo hemos llegado hasta aquí? Para explicarlo, hay que renunciar a la ciencia ficción y volver a la tierra: identificar en la historia de las sociedades modernas los mecanismos que han impulsado esta crisis de la noche.

El tiempo de reacción humana a un estímulo está directamente relacionado con la luz. En visión «fotópica», es decir, diurna, es de aproximadamente 0,2 segundos y en visión escotópica, de 0,5[13]. Este último tiempo de reacción está adaptado al ritmo de la marcha: cuando uno anda de noche, el cerebro se toma con tranquilidad el tiempo de reaccionar y de adaptar el comportamiento del individuo a un estímulo. Las actividades humanas anteriores a la época moderna en general no requieren un tiempo de reacción muy rápido. La humanidad está pues inscrita en una forma de lentitud, indisociablemente natural y social[14]. Esa lentitud es aún más pronunciada de noche que de día.

A medida que se acrecienta la complejidad de las actividades nocturnas, el nivel de iluminación debe crecer en consecuencia. Cuanto más aumenta el número y el ritmo de tales actividades, tanto más rápidamente debe responder el cerebro

---

[13] Véase Royal Astronomical Society of Canada, *Guidelines for Outdoor Lighting in Dark-Sky Preserves*, cit., p. 6.
[14] Véase Hartmut Rosa, *Accélération. Une critique sociale du temps*, París, La Découverte, 2010.

a los estímulos. De ahí la importancia de la iluminación artificial. La causalidad va en ambos sentidos: la iluminación permite realizar nuevas actividades nocturnas cuya renovación constante acrecienta a su vez la necesidad de la iluminación. La aceleración del tiempo social moderno de que habla Hartmut Rosa en *Aceleración* tiene como condición de posibilidad la iluminación artificial. En el siglo XIX, la iluminación llega a ser además una industria lucrativa cuyo crecimiento tiene su lógica económica propia[15]. El punto crucial es el siguiente: la iluminación nunca es una simple cuestión técnica. Siempre remite a una concepción del espacio público que es objeto de antagonismo. Iluminar es hacer visible, de modo tal que lo que se decide alumbrar es ante todo una apuesta política.

Los primeros faroles del alumbrado público se remontan a mediados del siglo XVI. Desde la primera mitad del siglo XIX, las grandes ciudades europeas instalan el alumbrado a gas: Londres apenas comenzado el siglo, París en la década de 1840[16]. Los quemadores de gas suceden a las farolas de aceite. El aumento de la potencia del alumbrado público responde a dos causas principales: primero, con el ómnibus y el tranvía, el tráfico urbano aumenta. Cada vez más las ciudades se conciben como lugares de circulación, tanto de día como de noche. Por esta razón, se estima que deben estar iluminadas. Al mismo tiempo, se desarrolla el alumbrado comercial. Los bulevares de las metrópolis ven aparecer las «grandes tiendas» que se destacan por sus fachadas luminosas y los anuncios publicitarios.

Hasta el último tercio del siglo XIX, Londres y París son ciudades que se *huelen*, más que se *ven*, a distancia. La luz eléctrica solo se generaliza en los dos últimos decenios del si-

---

[15] Véase Wolfgang Schivelbusch, *Disenchanted Night. The Industrialization of Light in the Nineteenth Century*, Berkeley, University of California Press, 1998.

[16] Véase Sophie Mosser, «Éclairage urbain: enjeux et instruments d'action», tesis de doctorado, Université París 8, 2003, cap. 1.

glo XIX, a partir de la bombilla incandescente, inventada por Edison en 1878. Comparada con el gas, esta técnica tenía la ventaja de aumentar considerablemente la luminosidad. Quedaba así superada una etapa decisiva en la misión de hacer retroceder la noche. En la Belle Époque, el perímetro de las ciudades se extiende y, con él, el imperio de la luz artificial. La «revolución del alumbrado eléctrico» tiene un impacto considerable en la naturaleza del espacio público y, en última instancia, en las formas de sociabilidad. La luz artificial permite el desarrollo de la «vida nocturna», un tiempo social desde entonces específico, que tiene su propia ontología:

> La electricidad, recién descubierta, asociada a la idea de fiesta, acompaña el renacimiento del atractivo de la vida nocturna, lúdica, festiva. En Francia, la publicidad luminosa comienza alrededor del 1900 y experimenta un enorme crecimiento entre las dos guerras. Los edificios, las tiendas y sus escaparates, los cafés, los teatros se iluminan. En 1920, París es una ciudad luminosa, electrificada y orgullosa de serlo[17].

La hegemonía no es una dominación unilateral, impuesta por la fuerza bruta ni un desarrollo económico implacable. Supone el consentimiento de las poblaciones, al menos hasta cierto punto. Para lograr ese consentimiento, debe procurarles una ventaja material o simbólica. Como dice Gramsci, toda hegemonía implica un «progreso de la civilización» también para los subalternos, aun cuando estos sean al mismo tiempo las víctimas de ese progreso[18].

Esta concepción de la hegemonía en general es igualmente válida en el caso de la hegemonía de la luz en la época moderna. La iluminación artificial está asociada a la «idea de fiesta»,

---

[17] *Ibid.*, p. 33.
[18] Véase Antonio Gramsci, *Guerre de mouvement et guerre de position*, textos escogidos y presentados por Razmig Keucheyan, París, La Fabrique, 2012, cap. 5.

da a la vida un cariz «lúdico» y «festivo». Lo que surge entonces es un *estilo de vida*, parte integrante de la identidad moderna, en grados diversos según las distintas clases sociales[19]. Esa civilización de vida urbana nocturna posibilitada por la luz artificial continúa siendo la de nuestros días. Con la diferencia de que, un siglo después de su aparición, hoy somos conscientes de que la luz es también una forma de contaminación.

A medida que la luz gana terreno, durante el siglo XIX, la noche se impone como un tema central en las artes, en particular la música y la literatura. Chopin no inventó los nocturnos, cuya paternidad se atribuye a John Field (1782-1837). Pero la serie de *Nocturnos* que compone entre 1827 y 1847 impulsa una forma musical que cultivarán principalmente Schumann, Liszt, Fauré y Debussy. «El tropel impaciente de los contenidos hace estallar los marcos tradicionales; la cólera, el espanto, la esperanza, el orgullo, la angustia se presentan tumultuosamente en ese corazón nocturno [...]», escribe Vladimir Jankélévitch en «Chopin et la nuit»[20].

En la historia no hay causalidad simple y en la historia del arte menos que en otras. La aparición de los nocturnos no responde directamente a la intensificación de la luz artificial. La evocación de la noche en las obras artísticas se remonta a la *Teogonía* de Hesíodo (del siglo VIII a.C.)[21]. Sin embargo, es evidente que el Romanticismo, en sus corrientes «revolucionarias», constituye una protesta contra los efectos perversos de la modernidad[22]. Aquella protesta se fundaba en valores

---

[19] Véase Luc Gwiazdzinski, *La Nuit, dernière frontière de la ville*, La Tour-d'Aigues, Éditions de l'Aube, 2005.

[20] Véase Vladimir Jankélévitch, «Chopin et la nuit», *Le Nocturne. Fauré, Chopin et la nuit, Satie et le matin*, París, Albin Michel, 1957, p. 88.

[21] Véase Corinne Bayle, «Pourquoi la nuit?», coloquio «L'Atelier du XIX siècle; la nuit dans la littérature européenne du XIX siècle», *Les Doctoriales de la Serd*, 2013.

[22] Véase Michael Löwy y Max Blechman, «Qu'est-ce que le romantisme révolutionnaire?», *Europe. Revue littéraire mensuelle* 900, abril de 2004.

del pasado –de ahí la importancia que tiene la nostalgia en el Romanticismo– destruidos por la aceleración del tiempo. Se justificaba además apelando a un concepto de naturaleza «auténtica» y de los ciclos naturales que antes escapaban al control de los seres humanos y que la modernidad puso en peligro. La importancia del ciclo en la música romántica es una manifestación de ese concepto[23]. El nocturno, forma musical que combina el apaciguamiento y el tumulto, impone –sugiere Jankélévitch– la *renaturalización* de la actividad humana.

En el periodo de entreguerras, el desarrollo del automóvil constituye otro punto de inflexión importante en la historia del alumbrado público[24]. El alumbrado se extiende a las carreteras, fuera de las ciudades, cuando anteriormente era esencialmente urbano. Más exactamente, conecta la ciudad con las afueras. Conducir un automóvil no es lo mismo que andar: la velocidad requiere un nivel de atención y, por lo tanto, de mayor iluminación.

Después de la Segunda Guerra Mundial, la dispersión urbana característica de los Gloriosos Treinta *[Trente Glorieuses]* (de 1945 a 1975), llamados también la Edad de Oro del capitalismo, se acrecienta. El Estado planificador construye los grandes complejos, a menudo a distancia de los lugares de trabajo. Ir y volver de casa a la oficina o a la fábrica supone coger una red de carreteras que, cuando cae la noche, debe estar iluminada. En el transcurso de los Gloriosos Treinta el alumbrado público se homogeniza en el territorio francés. En el último tercio del siglo, la Unión Europea interviene e impone normas de alumbrado público a todos los países miembros[25].

---

[23] Véase Charles Rosen, «Mountains and song cycles», *The Romantic Generation*, Cambridge, Harvard University Press, 1998, cap. 3.
[24] Sophie Mosser, «Éclairage urbain: enjeux et instruments d'action», cit., p. 35.
[25] Véase «Les normes européennes de l'éclairage», *Lux. La revue de l'éclairage* 228, mayo-junio de 2004.

17

En la época moderna, la iluminación está asociada no solo a la fiesta, a las nuevas potencialidades de la vida nocturna, sino también a la seguridad. Junto al desarrollo de la «nocturnidad» surgen riesgos inéditos para la integridad de los bienes y de las personas. En el panóptico de Bentham (1791), clásicamente descrito por Michel Foucault en *Vigilar y castigar*, la penetración permanente de la luz, natural y artificial, en la celda garantiza que el guardia situado en el centro de la prisión pueda controlar los menores actos y gestos del prisionero[26], quien no sabe si el vigilante lo observa o no. Sin embargo, la completa visibilidad en la que está sumergido lo obliga a preocuparse por la vigilancia que se transforma así en autovigilancia, aun cuando el guardia esté ausente. Desde finales del siglo XVIII se establece, pues, el vínculo entre luz y seguridad.

Actualmente, este vínculo es objeto de numerosos debates entre criminólogos. La opinión más difundida en la profesión es la de que la iluminación disuade del delito. Al saber que corre el riesgo de ser visto, el criminal no comete su fechoría. Mayor iluminación implicaría por lo tanto mayor seguridad. De ahí que la extensión del alumbrado nocturno sea una de las promesas de campaña clásicas en la escala municipal.

Sin embargo no hay estudios que corroboren de manera concluyente esta correlación entre iluminación y seguridad[27]. Diferentes tipos de crímenes se cometen en diferentes momentos del día. Los robos con allanamiento en las casas y apartamentos se consuman más bien de día, cuando sus moradores trabajan, mientras que en tiendas y fábricas ocurren más frecuentemente de noche[28]. Los robos con violencia a menudo se

---

[26] Véase Michel Foucault, *Surveiller et punir*, París, Gallimard, 1975, cap. 3 [ed. cast.: *Vigilar y castigar*, Siglo XXI de México, México, 2018].

[27] Véase Royal Astronomical Society of Canada, *Guidelines for Outdoor Lighting in Dark-Sky Preserves*, cit., p. 5.

[28] Véase Sophie Mosser, «Éclairage et sécurité en ville: l'état des savoirs», *Déviance et société* 31/1 (2007), p. 81.

cometen de día en los transportes públicos y durante la noche en los estacionamientos. La luz probablemente tenga un impacto en el *sentimiento* de seguridad de las poblaciones, pero la seguridad misma responde a factores complejos. Independientemente de que sus efectos queden demostrados o no, las políticas de seguridad que apuestan al alumbrado público tienen un futuro brillante. Como en los tiempos del panóptico de Bentham, el principal aspecto del urbanismo relativo a la seguridad pública pasa por el control de la luz. Desde 2008, el Ministerio del Interior promulga así un conjunto de recomendaciones para los ayuntamientos referentes a los niveles de luminosidad dentro de sus dominios; por ejemplo, se preconiza el uso de 22 lux en el exterior y entre 40 y 80 lux en los estacionamientos. «La visibilidad es un elemento central de la prevención. Ser visto y poder ver a cierta distancia es uno de los primeros factores de tranquilidad», declara Éric Chalumeau, director de Icade-Suretis, una empresa especializada en la gestión de la inseguridad para las colectividades locales[29].

Un movimiento contra la «pérdida de la noche»

A medida que las sociedades sufren nuevos perjuicios, surgen movimientos sociales que se fijan la misión de ponerles fin. La lucha toma entonces la forma de una reivindicación a favor de un nuevo derecho o de la satisfacción de una nueva necesidad. Es lo que ha pasado con el «derecho a la oscuridad».

En 1988 se crea la International Dark-Sky Association (IDA), punta de lanza del Dark-Sky Movement, el movimiento a favor de un «cielo oscuro»[30]. Los orígenes de este movimiento

---

[29] Véase Luc Bronner, «Violences urbaines: la police s'empare de la rénovation des quartiers», *Le Monde*, 26 de enero de 2008.
[30] Véase el sitio de la asociación: www.darksky.org.

se remontan a comienzos de los años setenta en Estados Unidos. Sus iniciadores fueron científicos especialistas en disciplinas interesadas en la observación nocturna: sobre todo astrónomos y ornitólogos. Sin embargo, pronto fue logrando un éxito creciente en otros ámbitos a medida que se acrecentaba la conciencia de la contaminación lumínica. El Dark-Sky Movement milita contra la «pérdida de la noche», contra la «colonización lumínica» que provoca el avance de la luz artificial y el retroceso inexorable de la noche. La International Dark-Sky Association está comprometida con la creación de «parques de estrellas» o «reservas de cielo estrellado» *(dark-sky parks* o *preserves)*. En la mayor parte de los casos estos parques están situado en plena naturaleza, pero también existen parques de estrellas urbanos. En su interior, se reduce y hasta se prohíbe completamente la luz artificial a partir de cierta hora.

Dark time es la expresión que se utiliza para designar esta temporalidad nocturna obtenida de manera voluntarista. Si bien en Occidente el color negro tiene, en general, una connotación negativa, en estas reservas sucede todo lo contrario[31]. El objetivo es preservar la vida nocturna de la fauna y la flora minimizando la actividad humana pero también permitir que visitantes humanos vivan la experiencia de pasar allí toda una noche. Como dice un militante de la causa nocturna, la experiencia de oír por fin «el silencio casi inaudible de la noche»[32].

Existen alrededor de cuarenta parques de este tipo en el mundo. En Francia, el Pic Du Midi, en los Altos Pirineos, recibió en 2013 el rótulo de «Reserva de cielo estrellado» que otorga la Dark-Sky Association. El mayor parque estrellado europeo se encuentra en Gran Bretaña. Ese sello de calidad

---

[31] Véase Michel Pastoureau, *Noir. Histoire d'une couleur*, París, Seuil, 2008 [ed. cast.: *Negro. Historia de un color*, Madrid, 451 Editores, 2010].
[32] Véase Marc Lettau, «Face à la pollution lumineuse en Suisse, les adeptes de l'obscurité réagissent», *Revie suisse*, octubre de 2016, p. 6.

es, por supuesto, un medio de atraer visitantes, de comercializar una porción de la naturaleza que vuelve a estar intacta, pero esto no es lo esencial. Lo que nos enseña sobre todo la existencia de tales parques es que la oscuridad ha llegado a ser hoy un bien raro, tan raro como el aire o los alimentos no contaminados, por el cual la gente –quienes tienen los medios– está dispuesta a recorrer kilómetros.

En Francia, la defensa de la noche es una reivindicación nueva. En 1993 se hizo pública una «declaración para la preservación del medioambiente nocturno» que aún es posible firmar. Redactado por astrónomos aficionados, el manifiesto ha recibido el apoyo de personalidades del mundo científico, tales como Jacques-Yves Cousteau, Albert Jacquard y Hubert Reeves[33]. En 1998, el manifiesto da lugar a la creación de la Asociación nacional para la protección del cielo nocturno (ANPCN), adherida a la Dark-Sky Association[34]. En 2007, se une además a France nature environnement (FNE), una entidad que agrupa 3000 asociaciones ecologistas.

Un elemento central del «repertorio de acción» de estas organizaciones ha sido poner en circulación mapas de las contaminaciones lumínicas por regiones, inspirados en el *Atlas mundial de la luminosidad artificial nocturna*, lo cual las ha posicionado en la frontera entre el campo científico y el campo político. Avex, un grupo de astrónomos aficionados con base en Vexin, se ha hecho especialista en producir tales mapas[35]. Su declaración de intenciones afirma:

La contaminación lumínica es el cáncer de la noche y los futuros cánceres de los seres humanos. Avex lucha porque tome-

[33] Véase Samuel Challéat y Dany Lapostolle, «(Ré)concilier éclairage urbain et environnement nocturne: les enjeux d'une controverse sociotechnique», cit., p. 319.

[34] Véase el sitio de la asociación, rebautizada desde 2007 Association nationale pour la protection du ciel et de l'environnement nocturnes (ANPCEN): https://www.anpcen.fr/.

[35] Véase el sitio de la asociación: https://avex-asso.org/.

mos conciencia económica, ecológica y epistemológica de ese flagelo subestimado y poco comprendido.

Además, Avex organiza excursiones nocturnas en las zonas menos contaminadas por la luz artificial de Île-de-France desde donde es posible contemplar el cielo estrellado[36]. La asociación propone de este modo reparar el vínculo dañado de los individuos con el cosmos que los rodea.

En algunos países estos movimientos contra la pérdida de la noche están en el origen de significativos avances legislativos. En 2011 llegó hasta el tribunal federal suizo –el equivalente de un tribunal supremo– un litigio de vecindad. Habitantes del cantón de Argovie se habían quejado de la iluminación nocturna intempestiva en la fachada de una casa de su barrio. Al dictar sentencia en diciembre de 2013, el tribunal declaró que todo alumbrado nocturno «ornamental» privado o comercial que no responda a necesidades de seguridad, debe apagarse a partir de las 22 horas a causa de la contaminación lumínica que engendra[37]. La única excepción que contempla el alto tribunal es la iluminación nocturna durante el periodo de Navidad, tiempo en el que puede prolongarse hasta la una.

En los considerandos de la sentencia, el tribunal federal declara: «Este proceder solo restringe ligeramente el derecho de propiedad, así como los demás derechos fundamentales de los demandantes». La propiedad de un bien –por ejemplo, inmobiliario– supone, en principio, el derecho a iluminarlo a gusto. El derecho de propiedad, «derecho fundamental» en las sociedades capitalistas, está en la base de la iluminación artificial. Yo poseo, luego ilumino. La importancia de la deci-

---

36 Véase Thibault Shepman, «Maintenant qu'il ne fait plus jamais nuit noire...», *Rue89*, 20 de mayo de 2015.
37 Véase el fallo del Tribunal federal: http://relevancy.bger.ch/php/clir/http/index.php?lang=fr&zoom=&type=show_document&highlight_docid=atf%3A%2F%2F140-II-33%3Afr.

22

sión del tribunal federal, adoptada bajo la presión de asociaciones para la defensa de la noche, estriba en que abrió una brecha entre la propiedad privada y el derecho a iluminar. Puesto que la luz artificial es potencialmente causante de un perjuicio para otro, la mera posesión de un bien ya no constituye motivo suficiente para iluminarlo.

En otro de sus fallos, ese mismo tribunal federal afirma que es necesario proteger «los cambios de color de la cima del monte Pilatus durante el crepúsculo»[38]. Situado no lejos de la ciudad de Lucerna, el monte Pilatus es una de las montañas más bellas de Suiza. Desde 1997 es, además, la primera cumbre que se beneficia de una autorización de iluminación nocturna parcial con fines turísticos. Como lo hace notar la rama suiza de la Dark-Sky Association, en el transcurso de los últimos años se ha podido comprobar una tendencia al aumento de la iluminación de las cumbres alpinas[39]. Esquiar de noche es una actividad que se valora cada vez más. Al limitar la iluminación artificial en nombre de la protección de los «cambios de color» de su cumbre, el tribunal federal da prioridad al hecho de que el crepúsculo sobre el monte Pilatus es un patrimonio que debe preservarse.

Esta «patrimonialización» del cielo ha llegado hasta las instancias internacionales. Las Naciones Unidas discuten en la actualidad sobre la oportunidad de clasificar el cielo estrellado como «patrimonio común de la humanidad». En su Declaración de los derechos de las generaciones futuras de 1994, la Unesco afirmaba ya que estas últimas tienen el derecho inalienable a un «cielo no contaminado» que las generaciones actuales deben garantizarles[40].

---

[38] Véase Marc Lettau, «Face à la pollution lumineuse en Suisse, les adeptes de l'obscurité reagissent», cit. p. 7.

[39] Véase Dark-Sky Switzerland, «Inquiétante augmentation de la lumiére dans les Alpes», comunicado de prensa, 6 de abril de 2013.

[40] Véase Cipriano Marin y Francisco Sánchez, «Les réserves de ciel étoilé et le patrimoine mondial; valeur culturelle, scientifique et écologique», *Patrimoine mondial* 54 (2009), p. 36.

En Francia, las leyes Grenelle I y II integran la noción de contaminación lumínica y France nature environnement, al participar en las negociaciones, ha hecho de estas medidas su caballo de batalla. El artículo 41 de la ley, promulgada en agosto de 2009, declara:

Las emisiones de luz artificial de una naturaleza tal que pueda presentar peligros o causar inconvenientes excesivos a las personas, a la fauna, a la flora o a los ecosistemas, que acarreen un derroche energético o que impidan la observación del cielo nocturno serán objeto de medidas de prevención, de supresión o de limitación[41].

El primer decreto, dedicado a los «perjuicios lumínicos» se publica en el Boletín Oficial en julio de 2011. Impone ante todo el apagado de insignias y carteles publicitarios luminosos entre la 1 y las 6 de la mañana, en concordancia con el «tiempo de la vida social», salvo en las ciudades de más de 800.000 habitantes: París, Lyon, Marsella, Burdeos, Lille, Niza y Toulouse. Los alcaldes de estas ciudades son libres de dictar la reglamentación que quieran aplicar.

Según las cifras del Ministerio del Medioambiente, el parque de carteles luminosos representa una potencia instalada de 750 MW, es decir, más de la mitad de «una unidad nuclear reciente» a carga plena. Una «unidad nuclear» designa el conjunto compuesto por un reactor nuclear y el alternador que produce la electricidad así como los elementos que los conectan. Cuanto más reciente es una unidad nuclear, mayor es su potencia. Así las economías de energía previstas son de 800 GWh en el caso de las insignias y de 200 GWh en el de los carteles publicitarios, «es decir, el equivalente del consumo

---

[41] Citado por Samuel Challéat y Dany Lapostolle, «(Ré)concilier éclairage urbain et environnement nocturne: les enjeux d'une controverse sociotechnique», cit., p. 324.

eléctrico anual (sin contar la calefacción ni el agua caliente) de más de 370.000 hogares»[42].

En un informe titulado *Éclairer juste [Iluminar lo justo]* (2010), la Agencia del medioambiente y del manejo de la energía (Ademe) constata que, en Francia, el alumbrado público está constituido por 9 millones de lámparas diseminadas en el territorio, que funcionan entre 3.500 y 4.300 horas por año. Ahora bien, más de la mitad de ese parque está constituido por materiales obsoletos que consumen mucho más de lo necesario. El alumbrado exterior representa alrededor del 50 por 100 del consumo de electricidad de las administraciones territoriales y cerca del 40 por 100 de la factura de electricidad de los ayuntamientos[43]. En Estados Unidos, se estima que el costo financiero de la contaminación lumínica es de aproximadamente 7.000 millones de dólares por año[44].

En virtud de la presión que ejerce sobre las finanzas públicas, el alumbrado público es un problema de justicia social. Además de poner en peligro el medioambiente y la salud de las poblaciones, la contaminación lumínica pesa en el presupuesto del Estado generando un gasto que podría asignarse a otros fines. Como es habitual, las finanzas públicas son un reflejo de las elecciones de las sociedades, de los desequilibrios y de las injusticias que las sustentan[45]. En el futuro, los progresos en el campo jurídico podrán hacerse eco de las reivindicaciones del movimiento contra la «pérdida de la noche» y combatir así algunas de esas injusticias. Pero el derecho no será suficiente pues detrás de la contaminación lumínica lo que opera es la dinámica del capitalismo.

---

[42] Véase Ministère de l'Ècologie, «Nuisances lumineuses», 15 de febrero de 2012, decreto, p. 2.

[43] Véase Ademe, *Èclairer juste*, 2010, www.ademe.fr.

[44] Terrell Gallaway *et al.*, «The economics of global light pollution», cit., p.658.

[45] Véase James O'Connor, *The Fiscal Crisis of the State*, Nueva York, Transaction Publishers, 2001.

Qué extraña situación. Hasta no hace mucho tiempo, la oscuridad era algo «dado». A las generaciones pasadas, la idea de crear un movimiento social a favor de la oscuridad les habría parecido incongruente. Con la «colonización lumínica» lo que antes se daba por descontado, la noche, se ha perdido y se ha transformado en un bien que hay que recobrar. La oscuridad ha llegado a ser un objeto *político*. Su existencia está determinada por la acción –o la inacción– del Estado, por procesos económicos y tecnológicos y por movilizaciones de ciudadanos. Es objeto de un conflicto social en el que se enfrentan actores con intereses divergentes y con representaciones diferentes.

Como lo ha mostrado Jacques Rancière en *La noche de los proletarios*, para el movimiento obrero naciente, en la década de 1830, la noche tenía una fuerte connotación política[46]. Es el momento en que los obreros escapan a las cadenas infernales diurnas impuestas por los patrones y devienen por fin en «seres pensantes». La noche deja de ser solamente el momento del sueño reparador y se erige en lugar de emancipación.

La diferencia con nuestra situación presente es que los obreros evocados por Rancière realizan de noche actividades que no pueden cumplir durante el día, a causa de la explotación de que son víctimas: pensar, crear, organizarse. El movimiento contra la «pérdida de la noche», por el contrario, desea que la noche continúe siendo una temporalidad diferente, con actividades –o inactividades– específicas.

La iluminación artificial, sea pública o interior, es un progreso. La vida nocturna es un elemento estructurante de nuestras existencias modernas. Leer un libro una vez que ha caído la noche, cenar con amigos en un restaurante, dar un paseo

---

[46] Jacques Rancière, *La Nuit des prolétaires. Archives du rêve ouvrier*, París, Fayard, 2012 [ed. cast.: *La noche de los proletarios*, Buenos Aires, Tinta Limón, 2010].

nocturno por una ciudad solo o en pareja… todas estas actividades serían inconcebibles sin la luz artificial. Aunque la iluminación se haya transformado también en perjuicio, las ventajas que derivan de ella no han desaparecido. El alumbrado continúa siendo un progreso. Los militantes del «derecho a la oscuridad», con excepción de algunos «supervivientes» no exigen la supresión de la luz artificial ni el retorno a niveles medievales de iluminación. Piden que se reduzca en todos los lugares donde sea posible.

A veces se emplean tecnologías nuevas para contrarrestar los efectos de tecnologías anteriores. Algunas asociaciones de defensa de la noche preconizan la instalación de detectores de movimiento para limitar el tiempo de iluminación a lo estrictamente necesario[47]. La técnica detiene la técnica. Estos dispositivos a menudo son caros, lo cual implica, paradójicamente, que limitar la iluminación artificial, provoca un *aumento* y no una disminución del gasto. De modo que ahora hay que pagar por lo que antes era gratuito: la oscuridad. A veces ese incremento de la complejidad técnica produce a su vez otros perjuicios. Los diodos electroluminiscentes (o lámparas LED) son eficientes en el plano energético, pero precisamente a causa de esa eficiencia, existe el riesgo de que induzcan un aumento antes que una reducción de la iluminación[48].

La contaminación lumínica y la reivindicación del «derecho a la oscuridad» plantean una pregunta fundamental, la pregunta del siglo: ¿de qué tenemos necesidad? Se sobreentiende que nos referimos a ¿qué es lo que *verdaderamente* necesitamos? La iluminación artificial, ¿es una necesidad legítima? ¿Es una necesidad sostenible para el medioambiente y la salud, a la vez física y psíquica? La luz artificial no es una ne-

---

[47] Véase «L'homme que se bat pour la nuit», *Le Temps*, 28 de diciembre de 2014.

[48] Es lo que los economistas llaman el «efecto Jevons» por un economista británico del siglo XIX, según el cual acrecentamiento de la productividad puede conducir al aumento más que a la disminución del consumo del recurso en cuestión.

cesidad natural, como lo son alimentarse o protegerse del frío, necesidades de las que depende la supervivencia del organismo. Fisiológicamente es posible vivir sin ella. Es lo que han hecho nuestros antepasados durante milenios. No obstante, sin ser una necesidad natural, es una necesidad importante y, en nuestros días, puede decirse que esencial. Nuestro modo de vida, numerosas actividades a las que no estamos dispuestos a renunciar, dependen en buena parte de esta necesidad.

Lo que está en juego pues es admitir que la iluminación artificial es a la vez una necesidad legítima y una forma de contaminación que hay que combatir. Para ello debemos fijar el umbral que separa la iluminación artificial legítima del alumbrado excesivo, es decir, de la contaminación lumínica. Esta cuestión no corresponde únicamente a la luz artificial. Con la crisis ambiental, la humanidad está próxima a vivir conmociones económicas y políticas de grandes proporciones. La transición ecológica que se anuncia supone tomar decisiones drásticas de producción y de consumo, a fin de reducir los flujos de materias primas y el gasto energético. Supone combatir el productivismo y el consumismo capitalistas.

Pero, ¿sobre qué bases deben tomarse esas decisiones? ¿Cómo distinguir las necesidades legítimas, que podrían satisfacerse en la democracia ecológica futura, de las necesidades egoístas e insostenibles a cuya satisfacción habrá que renunciar? Para ello hace falta elaborar una teoría de las necesidades humanas y ese es el objetivo de los capítulos I y II. Para ello nos apoyaremos en pensamientos críticos pasados que, sin embargo, releeremos a la luz de las evoluciones recientes del capitalismo. Uno de los argumentos que desarrollaremos es que las necesidades son históricas, evolucionan con el tiempo. Por consiguiente, reflexionar sobre esta idea en los comienzos del siglo XXI implica estar actualizado en lo referente a las formas de alienación y de destrucción ambiental específicas que se están dando en nuestros días.

El capítulo III se ahondará en las subjetividades consumistas. Todos somos víctimas de las necesidades artificiales. Si bien son el resultado del productivismo y del consumismo capitalistas, sus efectos nefastos se dejan sentir en distintos grados en cada una de nuestras conciencias. De ahí que la lucha contra su influencia pase, entre otras cosas, por el fortalecimiento de la autonomía y de la capacidad de actuar de los individuos frente a la mercancía.

En los capítulos IV y V, abordaremos el problema de las necesidades desde el punto de vista de los objetos. «La mercancía –dice Marx– es en primer lugar un objeto exterior, una cosa que merced a sus propiedades satisface necesidades humanas del tipo que fueran»[49]. El objeto es lo que satisface (o no) la necesidad. La necesidad puede existir antes que el objeto pero también este puede haberla creado desde cero. Si el capitalismo da lugar a una proliferación de necesidades, con frecuencia artificiales, es porque el productivismo y el consumismo que lo sustentan vierten permanentemente en el mercado nuevas mercancías. Retomar el control de las necesidades supone bloquear esta lógica y para lograrlo hay que encontrar el medio de «estabilizar» los objetos.

Los capítulos VI y VII, por último, se refieren a la estrategia. Las necesidades no son solo históricas, también son políticas. Dominarlas implica organizar coaliciones que estén en condiciones de oponerse al productivismo y al consumismo. ¿Cuáles podrían ser esas coaliciones en el capitalismo contemporáneo? Esta estrategia implica asimismo imaginar una suerte de organización política nueva, anclada simultáneamente en la esfera de la producción y la del consumo, en la que puedan darse las luchas y una deliberación colectiva sobre las necesidades.

---

[49] Karl Marx, *Le Capital, Livre premier*, París, Presses Universitaires de France, 1993, sección primera, cap. 1 [ed. cast.: *El Capital. Crítica de la economía política*, libro I, tomo I, Madrid, Akal, ²2000, p. 55].

CAPÍTULO I

Una teoría crítica de las necesidades

DE LA ALIENACIÓN A LA ECOLOGÍA POLÍTICA

Durante los años ochenta y noventa, el marxismo sufrió un breve eclipse[1]. Después del derrumbe del bloque soviético, se impuso la idea de que la doctrina que reivindicaban esos regímenes iba a seguir el mismo camino. No fue así, el marxismo está de regreso. Hoy se comprende que la URSS tuvo poco que ver con el pensamiento de Marx y que, si uno quiere analizar el capitalismo y sus crisis, sobre todo la que sobrevino en 2008, en la que aún continuamos hundidos, no puede prescindir de una teoría crítica.

Dos corrientes del marxismo son particularmente pertinentes en la situación actual. La primera es la tradición gramsciana. Esta incluye principalmente a Antonio Gramsci y a Nicos Poulantzas, en particular el Polantzas «tardío», el de *Estado, poder y socialismo*[2]. La actualidad de esta corriente reside en que permite pensar el poder moderno y, en particular, su concentración

---

[1] En realidad, el eclipse del marxismo se dio principalmente en sus bases históricas de la Europa continental: Alemania, Francia e Italia. En las zonas de influencia angloestadounidenses, en América Latina y en Asia, el marxismo –los «mil marxismos» de que hablaba Henri Lefebvre– vivió en esas décadas una edad de oro. Véase Razmig Keucheyan, *Hemisphère gauche. Une cartographie des nouvelles pensées critiques*, París, Zones, 2013, nueva edición, cap. 1 [ed. cast: *Hemisferio izquierda. Una cartografía de los nuevos pensamientos críticos*, Madrid, Siglo XXI de España, 2013].

[2] Véase Antonio Gramsci, *Guerre de mouvement et guerre de position*, cit., y Nicos Poulantzas, *L'État, le pouvoir, le socialisme* [1978], París, Les Prairies ordinaires, 2013 [ed. cast.: *Estado, poder y socialismo*, Madrid, Siglo XXI de España, 1979].

en el Estado capitalista que refleja en todo su sentido la teoría del «Estado total» de Gramsci (uno de cuyos componentes es la teoría de la hegemonía) y la del Estado como «campo estratégico» de Poulantzas. A pesar de que el análisis del Estado está poco desarrollado en la obra de Marx y en el marxismo de los orígenes, esta tradición gramsciana recoge el desafío, en el contexto de la crisis de los años treinta (el mismo Gramsci) y durante los treinta años de oro del capitalismo [Trente Glorieuses] después de la Segunda Guerra Mundial (Poulantzas).

Hoy, ese enfoque es un recurso especialmente provechoso para comprender el Estado neoliberal, el vínculo entre el Estado y los mercados, el surgimiento de cuasi-Estados supranacionales como la Unión Europea y hasta el papel que desempeña la burocracia en la gestión del orden social, lo que Gramsci llama el «cesarismo» y Poulantzas, el «estatismo autoritario». En el plano internacional, inspira numerosas e innovadoras investigaciones[3].

La segunda corriente es la teoría marxista de las necesidades. También esta vertiente se encarna en dos nombres propios: André Gorz y Agnes Heller. Gorz es un filósofo relativamente conocido. Willy Gianinazzi le ha dedicado una apasionante biografía publicada en 2016[4]. En cambio, Heller es apenas reconocida en Francia. Sin embargo, ha ejercido gran influencia en el mundo anglosajón, en los países del Este –ella misma era húngara, nacida en Budapest en 1929– y hasta en Italia. Fue una representante de la escuela de Budapest, un grupo de filósofos que en los años sesenta y setenta se identificaban con el pensamiento de George Lukács[5]. Este grupo lle-

---

[3] Sobre un panorama de estas investigaciones, véase el sitio de la International Gramsci Society: www.internationalgramscisociety.org.

[4] Véase Willy Gianinazzi, *André Gorz. Une vie*, París, La Découverte, 2016.

[5] Véase el número de *Temps modernes* dedicado a esta escuela, agosto-septiembre de 1974, pp. 337-338, así como Peter Beilharz, «Agnes Heller: from Marx to the dictatorship over needs», *Revue internationale de philosophie* 273/3 (2015).

gó a desarrollar una crítica desde el interior del sistema soviético, en nombre de un «socialismo de rostro humano».

Gorz y Heller están en los orígenes de una teoría que es tan importante para comprender nuestro presente como el enfoque gramsciano: la teoría crítica de las necesidades, enunciada por Gorz, sobre todo en *Estrategia obrera y neocapitalismo* y por Heller, principalmente en *Teoría de las necesidades en Marx*[6]. Esta teoría procura dar respuesta a una pregunta simple: ¿de qué tenemos necesidad? Formularla ya implica presentir que no todo lo que consideramos «necesidad» lo es realmente. Implica presentir que la satisfacción de ciertas necesidades es perjudicial para la persona y/o la sociedad. También supone que la sociedad en cuestión ha alcanzado cierto nivel de desarrollo económico. Nos cuesta imaginar a los cazadores recolectores del Paleolítico Superior –los de Lascaux, por ejemplo–, preguntándose sobre lo que «verdaderamente» necesitan. La respuesta es clara: cazar y recolectar la mayor cantidad posible de alimentos para sobrevivir en un medio hostil donde la vida es precaria y los recursos son relativamente raros[7].

Esto explica que Gorz y Heller hayan elaborado sus teorías en el seno de sociedades donde ha llegado a ser central el problema del «derroche», de lo que se produce sin necesidad y que, por consiguiente, no responde a ninguna necesidad real: la Europa occidental capitalista, en el caso de Gorz y la Europa del Este soviética en el de Heller. Los Gloriosos Treinta años de la posguerra vieron surgir la «sociedad de consumo»,

---

[6] Véase André Gorz, *Stratégie ouvrière et néocapitalisme*, París, Seuil, 1964 [ed. cast.: *Estrategia obrera y neocapitalismo*, México, Era, 1969] y Agnes Heller, *La Théorie des desoins chez Marx*, París, 10/18, 1978 [ed. cast.: *Teoría de las necesidades en Marx*, Barcelona, Península, 1978].

[7] Véase Alain Testart, *Avant l'histoire. L'évolution des sociétés, de Lascaux à Carnac*, París, Gallimard, 2012. Desde la publicación, en 1972, de la obra *Edad de piedra, edad de abundancia* de Marshall Sahlins, determinar en qué medida las sociedades «primitivas» era sociedades de abundancia o de escasez ha sido objeto de numerosos debates. Sobre un análisis reciente, véase James Suzman, *Affluence Without Abundance. The Disappearing World of the Bushmen*, Nueva York, Bloomsbury, 2017.

una noción que debemos a Jean Baudrillard y de la que Gorz es un agudo analista. Al transformarse el consumo en un objetivo en sí mismo que estructura la vida social, determinar a qué necesidades responde (o no) se impone de manera apremiante al pensamiento crítico y a los movimientos cóntestatarios.

En la economía soviética una burocracia se ocupaba de fijar los objetivos de producción[8]. Por lo tanto, la oferta y la demanda no se ajustaban en un mercado, sino que el Estado decidía lo que debía producirse y en qué cantidades debía producirse. Producir demasiado o demasiado poco devino entonces en un riesgo endémico. Y cuando la burocracia se deja obnubilar por la cantidad de bienes, la calidad de los productos tiende a declinar[9].

El mundo ha salido de la Edad de Oro del capitalismo y el sistema soviético ha desparecido. Sin embargo, saber qué necesitamos realmente es una cuestión que hoy adquiere más actualidad que nunca. El problema es más general que el del mero «derroche». Concierne a la naturaleza del capitalismo y a sus evoluciones actuales. El capitalismo es un sistema *productivista*. El productivismo es el aumento constante de la productividad, la única manera de sobrevivir que tienen las empresas en un contexto competitivo. La competencia obliga a producir siempre más mercancías en la menor cantidad de tiempo posible. Ello implica, entre otras cosas, una revolución tecnológica permanente y la explotación de nuevas porciones de naturaleza, de reservas y de flujos de energía.

La economía soviética también era productivista, o lo fue en ciertos periodos. Sin embargo, existe una diferencia notable entre el productivismo soviético y el productivismo capi-

---

[8] Véase Michael Ellman, «L' ascensión et la chute de la planification socialiste», en Bernard Chavance *et al.*, *Capitalisme et socialisme en perspective. Évolution et transformation des systèmes économiques*, París, La Découverte, 1999.

[9] La Hungría de los años sesenta y setenta otorga cierto lugar al mercado, pero, aún así, los problemas estructurales que enfrentan las economías del Este se registran igualmente en el país.

talista: este último deriva de una necesidad del sistema, mientras que el primero era contingente[10]. Respondía a objetivos de producción definidos por una burocracia, en el marco de una estrategia de «alcanzar el nivel» de las economías de Occidente, lanzada en la época de Stalin y que logró su máxima potencia en la de Kruschev. Un socialismo no productivista es al menos concebible en teoría. En cambio, el capitalismo no puede ser sino productivista. Un capitalismo no productivista es una contradicción en los términos.

El capitalismo es además *consumista*. Tiene como condición el consumo de mercancía y, por lo tanto, de recursos materiales y de flujos de energía, siempre renovados. La publicidad es uno de los mecanismos que promueven ese consumismo. La facilitación del crédito, la «financiarización de la vida cotidiana», iniciada en los años ochenta, es otro de esos mecanismos[11]. Esta incita a consumir, aun cuando el neoliberalismo haya provocado una baja generalizada de los salarios. La obsolescencia programada es un tercer mecanismo, el acortamiento del «ciclo vital» de los productos –mediante procedimientos más o menos deshonestos– supone la adquisición de los mismos productos renovados[12].

Productivismo y consumismo son las dos caras de una misma dinámica. Las mercancías deben consumirse porque son producidas en cantidades cada vez más importantes. Y a su vez, la instauración de hábitos de consumo lleva a las empresas a acelerar la «velocidad de rotación» –la expresión pertenece a Marx– de las mercancías. A medida que el capitalismo se desa-

[10] Sobre una versión de este argumento, véase, Daniel Tanuro, *L'Impossible Capitalisme vert*, París, La Découverte, 2015, cap. 10 [ed. cast.: *El imposible capitalismo verde*, Madrid, La oveja roja, 2011].

[11] Véase Randy Martin, *Financialization of Daily Life*, Filadelfia, Temple University Press, 2002.

[12] Véase Serge Latouche, *Bon pour la casse. Les déraisons de l'obsolescence programée*, París, Les liens qui libèrent, 2015 [ed. cast.: *Hecho para tirar. La irracionalidad de la obsolescencia programada*, Barcelona, Editorial Octaedro, 2014].

rrolla, se globaliza, esta dinámica del productivismo y el consumismo se amplifica. Por ello, la cuestión de las necesidades, de las necesidades *artificiales*, se plantea hoy con mayor agudeza aún que en la época de Gorz y Heller. Ambos dos abordaron el problema de las necesidades a partir de una reflexión sobre la alienación. Grandes lectores de los *Manuscritos económicos y filosóficos de 1844* del joven Marx, se cuentan entre los autores que hicieron de la alienación lo que Pierre Nora ha llamado la «palabra del momento» de los años sesenta: «El momento de la alienación, escribe, es la cristalización de una sensibilidad social amplia, difusa y espontánea –que corresponde a los efectos masivos del crecimiento y a las transformaciones rápidas de la sociedad francesa– estimulada por el aguijón avanzado de la crítica intelectual»[13]. Una «palabra del momento» designa un «viento de la época», forzosamente difícil de captar pero real. En los años anteriores a Mayo del 68, esa palabra remite a la ruptura creciente entre los supuestos beneficios del progreso y el malestar de los individuos.

El «momento de la alienación» alimenta un conjunto de elaboraciones teóricas, de las cuales además se nutre; entre ellas podemos citar la *Critique de la vie quotidienne* de Henri Lefebvre (primer tomo publicado en 1947), *La Technique ou l'Enfeu du siècle* de Jacques Ellul (1954), *Le Pensée de Karl Marx* de Jean-Yves Calvet (1956), *La Société du spectacle* de Guy Debord (1967) o *La Société de consommation* de Jean Baudrillard (1970). Muchas de estas reflexiones recibieron la influencia de Georg Lukács, en particular, de su tratado *Historia y conciencia de clase* (1923), uno de cuyos conceptos centrales es el de la «cosificación», una noción emparentada con la de alienación.

Gorz y Heller se inscriben en esa corriente. Su originalidad estriba en que la crítica de la alienación los lleva a interesarse en la cuestión de las necesidades. ¿Qué relación hay

---

[13] Véase Pierre Nora, «Aliénation», en Anne Simonin y Hélène Clastres (comp.), *Les idées en France (1945-1988)*, París, Gallimard, 1989, p. 493.

entre la alienación y las necesidades? La alienación puede medirse con la vara de las necesidades «auténticas». Uno está alienado en relación con un estado inicial al que procura volver o que pretende alcanzar logrando por fin desalienarse. La naturaleza de ese estado inicial y el movimiento que (re)conduce a él son objeto de debates entre filósofos desde los orígenes de la época moderna[14]. En la tradición marxista, la alienación designa el proceso por el cual el capitalismo suscita necesidades artificiales que nos alejan de ese estado. La cuestión de las necesidades es, en ese sentido, el punto de fusión entre la crítica de la alienación y la ecología política. Este es el punto en el que me sitúo yo para escribir este libro.

EN BUSCA DE LAS NECESIDADES AUTÉNTICAS

Pero, ¿qué es una necesidad «auténtica»? Es, en primer lugar, una necesidad de la que depende la supervivencia del organismo: comer, beber y protegerse del frío, por ejemplo. Llamémoslas las necesidades biológicas «absolutas»[15]. De su satisfacción depende todo el resto. Se supone que una sociedad democrática próspera, a la manera de la que se nos promete desde el fin de la Segunda Guerra Mundial, las garantiza. Gran parte de la legitimidad de ese género de régimen se basa justamente en esa promesa. Según sus ideólogos, entre ellos Francis Fukuyama o Marcel Gauchet, la democracia liberal representativa se funda no solamente en la maximización de la libertad y de la igualdad, sino también en la satisfacción de las necesidades elementales para la mayor cantidad de gente posible[16].

---

[14] Véase Stéphane Haber, *L'aliénation. Vie sociale et expérience de la dépossesion*, París, Presses Universitaires de France, 2007.
[15] Véase Stephen McLeod, «Absolute biological needs», *Bioethics* 28/6 (2014).
[16] Véanse Francis Fukuyama, *La Fin de l'histoire et le dernier homme*, París, Flammarion, 2009 [ed. cast.: *El fin de la historia y el último hombre*,

37

Sin embargo, en los países del Sur (y también, aunque en menor medida en los del Norte) algunas de esas necesidades distan mucho de estar satisfechas. Una llamada de atención referente al hambre en el mundo: según el Programa alimentario mundial, 800 millones de personas pasan hambre, uno de cada nueve seres humanos[17]. Cada año más de tres millones de niños de menos de cinco años mueren de desnutrición. En Francia, según un informe de Médicos del mundo de 2014, una persona de cada dos situadas bajo la línea de pobreza no saciaba su hambre[18]. Esto implica principalmente que pasa varios días sin ninguna comida. Entre esas personas hay muchos inmigrantes pero no son los únicos. Según el Instituto Nacional de Estadística y Estudios Económicos (Insee), nueve millones de franceses viven hoy por debajo del umbral de pobreza, una situación en la que alimentarse o tener calefacción se vuelven un problema.

No obstante, se estima que la humanidad podría asegurar la alimentación de tres mil millones de personas por encima de la población mundial actual, es decir, que podría alimentar a más de diez mil millones de individuos sin que ello implique grandes alteraciones de la producción alimentaria y sin ejercer presiones adicionales sobre los ecosistemas[19]. Actualmente no es solo la demografía lo que aumenta esa presión, sino también el sistema económico en que vivimos. Virtualmente, esa necesidad está cubierta. El problema resulta de la brecha que separa lo posible de lo real.

Cada vez se hace más difícil cubrir o se cubren con intermitencia algunas necesidades biológicas absolutas, que en otro

---

Barcelona, Planeta, 1992] y Marcel Gauchet, *L'Avènement de la démocratie*, tomo IV, *Le Nouveau Monde*, París, Gallimard, 2017.

[17] Estas cifras están disponibles en el sitio del Programa alimentario mundial: https://es.wfp.org/noticias/la-cifra-de-victimas-del-hambre-baja-de-los-800-millones-en-el-mundo.

[18] «Une personne précaire sur deux ne mange pas à sa faim en France», *Libération*, 12 de junio de 2014.

[19] Véase Paul C. West *et al.*, «Leverage points for improving global food security and the environment», *Science* 345/6194 (2014).

tiempo se satisfacían ampliamente. Respirar aire fresco no contaminado era hasta hace poco tiempo lo más natural del mundo. Pero en las megalópolis modernas ya es un bien extraño. Cada año mueren en el mundo siete millones de personas como consecuencia de la contaminación del aire[20]. Dos mil millones de niños viven en regiones en las que los niveles de contaminación superan lo aceptable según las normas dictadas por la OMS. La calidad del aire está particularmente degradada en los países en desarrollo, sobre todo en el Este asiático. En Francia, la contaminación atmosférica influye directamente en 48.000 decesos prematuros[21]. Según la Agencia Nacional de la Salud Pública es la tercera causa de «mortalidad evitable», después del tabaco y el alcohol.

La oscuridad es una nueva necesidad del mismo tipo. Como el aire no contaminado, era algo que antes dábamos por descontado. La contaminación lumínica ha conducido a su enrarecimiento. Con la crisis ambiental, la cantidad de necesidades elementales más difíciles o más costosas de satisfacer va en aumento. Esta realidad ejerce una presión creciente en las finanzas públicas pues cada vez son más los Estados los encargados de asumir esos costos[22]. Socialización de los costos, privatización de los beneficios: tal es la lógica del capitalismo.

La medida y la satisfacción de un «mínimo vital» constituyen un objetivo de los Estados modernos desde su creación, particularmente en Francia[23]. Mínimo vital: las necesidades que son indispensables saciar para que el organismo humano continúe viviendo, más precisamente, que esté en condiciones de producir valor. Este es el umbral por debajo del cual la

---

[20] Véase «Pollution: 300 millions d'enfants dans le monde respirent de l'aire toxique», *Le Monde*, 31 de octubre de 2016.

[21] Véase Agencia Nacional de la Salud Pública, «Impacts sanitaires de la pollution de l'air en France: nouvelles données et perspectives», informe, 21 de junio de 2016.

[22] James O'Connor, *The Fiscal Crisis of the State*, cit.

[23] Véase Dana Simmons, *Vital Minimum. Needs, Science, and Politics in Modern France*, Chicago, Chicago University Press, 2015.

fuerza de trabajo no se reproduce. A finales del siglo XVIII y comienzos del XIX, quienes calculaban ese mínimo vital eran químicos y agrónomos, es decir, era una valoración que correspondía a las ciencias naturales. En la segunda mitad del siglo XIX, con la aparición de los sondeos sociales, la economía y la sociología toman el relevo, pero aún hoy perdura la tensión entre los enfoques naturalistas y los socioeconómicos sobre cómo medir las necesidades vitales.

Así vemos que, después de la Segunda Guerra Mundial, el cálculo del Smic (el salario mínimo interprofesional de crecimiento) se efectúa sobre la base de un índice de precios[24]. La creación de su antecesor, el Smig (salario mínimo interprofesional garantizado), utilizado en el periodo 1950-1970, había sido objeto de ásperas discusiones en el marco de una comisión creada para la ocasión, de la que formaban parte los sindicatos. Entre 1947 y 1950 se intensificó la lucha de clases y esto dio lugar a una ola de enérgicas huelgas. En una primera etapa, la comisión acordó fijar el mínimo vital de 2.890 calorías –un indicador físico– por día por adulto, esto es, más de lo que preconiza hoy la OMS. Pero finalmente se privilegió una medida basada en indicadores económicos.

Las necesidades biológicas absolutas son las que corresponden a la especie: todo ser humano debe comer, beber o protegerse del frío si quiere sobrevivir. Se trata de características *específicas*, o sea, ligadas al género humano biológicamente definido. En suma, las necesidades biológicas absolutas son universales.

La teoría crítica de las necesidades no duda en reconocer la existencia de tales necesidades biológicas. Si no, ¿en nombre de qué se denunciaría su insatisfacción, por ejemplo, el hambre en el mundo? «Tachar ese concepto límite de una discusión sobre las necesidades sería puro aristocratismo», dice

---

[24] Véase Florence Jany-Catrice, «Conflicts in the calculation and use of the price index: the case of France», *Cambridge Journal of Economics* 42/4 (2018).

Agnes Heller con referencia las necesidades absolutas, las que marcan la «frontera existencial de la satisfacción de las necesidades»[25]. La crítica del capitalismo se sustenta precisamente en la comprobación de que ese sistema no satisface las necesidades elementales de la humanidad. Y es uno de sus recursos más poderosos puesto que apela al sentimiento de pertenencia a un mismo género humano.

No obstante, hay que cuidarse de naturalizar necesidades cuyo fundamento es cultural o histórico. Desde los años sesenta, las ciencias sociales han dedicado una parte importante de sus energías a demostrar que muchas de las que juzgamos características naturales de la especie o de tal o cual grupo, en realidad, están «construidas socialmente»[26]. Naturalizar una necesidad es una manera de presentar su satisfacción como algo inevitable. En cambio, desnaturalizarla permite mostrar que es posible combatirla y refrenarla. Por ejemplo, no podemos explicar la violencia contra las mujeres afirmando que los hombres tienen una necesidad irreprimible de dominarlas pues dicha violencia procede de un imaginario «machista» cuya historia es fácil rastrear.

Por lo demás, que una necesidad sea biológica no quiere decir que el individuo o la sociedad no ejerzan una influencia sobre ella. Comer es una necesidad absoluta, pero puedo comer *demasiado*. Puedo hacer una huelga de hambre. Una mujer embarazada y un hombre que sufre problemas cardíacos no tendrán la misma conducta alimentaria. Del mismo modo, dormir puede ser una necesidad irresistible para alguien que se ha desvelado durante un largo viaje al otro extremo del mundo. Pero uno también puede sencillamente tener ganas de echar una siesta. En ambos casos, está subyacente la misma necesidad «bruta», pero su intensidad y su carácter imperativo varían.

---

[25] Agnes Heller, *La théorie des besoins chez Marx*, cit., pp. 49-50.
[26] Véase Ian Hacking, *Entre science et réalité. La construction sociale de quoi?*, París, La Découverte, 2001.

41

Sin embargo, si como verdaderamente en exceso o demasiado poco, pongo en riesgo mi vida. Las necesidades biológicas imponen pues restricciones a la voluntad. A esto se refiere Heller cuando afirma que las necesidades biológicas son un «concepto límite». Describen muy bien una categoría de necesidades pero estas se manifiestan sobre todo cuando no están satisfechas.

La universalidad de las necesidades biológicas absolutas implica que la crisis ambiental concierne a todo el mundo aunque de manera diferenciada. Como lo ha mostrado el quinto informe del Grupo Intergubernamental de Expertos sobre el Cambio Climático (GIEC), según el grupo social al que uno pertenezca sentirá de determinada manera esta crisis[27]. El cambio climático agrava las «desigualdades ambientales». La probabilidad de sufrir los efectos de las contaminaciones, de las catástrofes naturales o de las alteraciones de la biodiversidad es mayor para los pobres que para los ricos, para los países del Sur que para los del Norte. Las clases dominantes dispondrán de los medios de protegerse de la contaminación atmosférica o de aliviar sus efectos. Con todo, ni aunque consiguieran desarrollar formas de separatismo socioespacial difícilmente concebibles y sin precedente histórico, podrían poner sus vías respiratorias completamente a salvo. Todos los seres humanos sufrirán las consecuencias en mayor o menor grado. Pues esta crisis afecta las necesidades biológicas absolutas, necesidades propias de la especie.

La alienación que produce el consumismo al crear necesidades artificiales siempre renovadas, también concierne, aunque en grados diversos, a todo individuo que viva en un régimen capitalista[28]. Los psiquiatras que estudian los trastornos

---

[27] Véase Razmig Keucheyan, *La nature est un champ de bataille. Essai d'écologie politique*, París, La Découverte, Zones, 2014, cap. 1 [ed. cast.: *La naturaleza es un campo de batalla. Finanzas, crisis ecológica y nuevas guerras verdes*, Buenos Aires, Capital intelectual, 2016].

[28] Véase Nicolas Herpin, *Sociologie de la consommation*, París, La Découverte, «Repères», [3]2018, cap. 2.

asociados al consumo compulsivo (*compulsive buying disorder* o CBD) identifican las formas más severas de ese trastorno en las poblaciones de bajos ingresos[29]. Siguiendo esta lógica, la compra compulsiva llega a ser un «trastorno» desde el momento en que los ingresos de la persona no le permiten sostener un volumen de consumo que se ajuste a sus «deseos». En el caso de un rico, en cambio, mientras sea solvente, puede comprar constantemente sin que se estigmatice su comportamiento como una conducta anormal. Los gastos excesivos de las clases acomodadas, por más que se den por descontados, son también una expresión aguda del frenesí consumista.

LAS NECESIDADES TIENEN UNA HISTORIA

En un pasaje de los *Grundrisse*, Marx escribe:

> El hambre es el hambre, pero el hambre que se satisface con carne cocida, consumida con cuchillo y tenedor, es un hambre diferente de la del que devora carne cruda usando las manos, las uñas y los dientes[30].

Marx reconocía la existencia de necesidades biológicas absolutas: el hambre es el hambre, independientemente de la época o la región. Pero, además de ser biológica, esa necesidad evoluciona con el tiempo. En las sociedades más antiguas se saciaba con carne cruda cogida con las manos. Y no es la misma necesidad que se sacia con carne elaborada y cocida cortada y llevada a la boca con cubiertos. Marx exagera, pero su argumento es simple: las necesidades, aun siendo biológicas, tienen una historia.

---

[29] Véase Donald W. Black, «A review of compulsive buying disorder», *World Psychiatry* 6/1 (2007), p. 15.

[30] Véase Karl Marx, *Manuscrits de 1857-1858, dits «Grundrisse»*, París, Éditions sociales, 2018, p. 48 [ed. cast.: *Elementos fundamentales para la crítica de la economía política*, 3 vols., Madrid, Siglo XXI de España, 2013].

Pero, ¿qué historia? El objeto consumido modifica, al menos en parte, la naturaleza de la necesidad subyacente. Las necesidades mismas, y no solo las maneras de satisfacerlas, tienen una historia. De ahí la idea de que el hambre puede designar dos necesidades diferentes según el modo en que se la satisfaga y según la época. Ahora bien, en la medida en que el objeto consumido primero haya sido *producido*, lo que determina en última instancia las necesidades es la producción; en las sociedades modernas, la producción capitalista. El objeto determina la necesidad, la producción determina el objeto, por consiguiente, la producción determina la necesidad. Marx continúa diciendo:

> Lo que está determinado por la producción no es solamente el objeto de consumo sino también el modo de consumo y esto no solo de una manera objetiva, sino también subjetiva. La producción crea pues al consumidor[31].

Para Marx, casi siempre la producción está al mando. Una evolución en ese dominio, por ejemplo, una innovación técnica, suele desembocar en un nuevo «modo de consumo». A veces, ese nuevo modo corresponde a una necesidad vital, como la de alimentarse, como ocurrió cuando la humanidad comenzó a cocer la carne y a cortarla con tenedor y cuchillo. Pero, en la medida en que la producción determina el consumo, también puede lanzar al mercado mercancías que no responden a ninguna necesidad y con ello suscitar necesidades artificialmente. La producción crea al consumidor[32].

Aquí aparece una diferencia notable entre la teoría de las necesidades de Marx y la de Norbert Elias. En *La Civilisations*

---

[31] *Ibid.*

[32] Definir el concepto de producción en el pensamiento de Marx supondría largos desarrollos. Para una introducción, remito al artículo que le dedica Jacques Bidet, en Georges Labica y Gérard Bensussan (comp.), *Dictionnaire critique du marxisme*, París, Presses Universitaires de France, 2001, pp. 916-920.

44

des mœurs, Elias dedica páginas célebres a las historia de los modales en la mesa[33] y compara las maneras de comportarse de diferentes civilizaciones en esa situación. Escupir estando sentado a la mesa (en el suelo) es aceptable en Occidente hasta el siglo XVI. En Asia, donde el uso del cuchillo se considera una costumbre bárbara, los alimentos se cortan en la cocina y se llevan a la boca con la ayuda de palillos. A diferencia de Marx, Elias no se interesa tanto en la evolución de las necesidades como en las maneras de satisfacerlas, en los rituales cotidianos que las rodean. Además, a sus ojos, esta evolución no está determinada por la producción y la idea de que el capitalismo pueda «crear al consumidor» le es ajena. Para Elias, la evolución de los modales en la mesa se explica esencialmente en virtud de un cambio en las sensibilidades, como resultado de la aparición de la «economía afectiva».

Para Marx, las necesidades o en todo caso algunas necesidades son a la vez biológicas e históricas. El carácter histórico de una necesidad puede tardar en manifestarse. Respiramos por los pulmones sin pensar en ello o percibiéndolo cuando el ritmo de nuestra respiración se acelera durante una carrera rápida o se desacelera cuando nos disponemos a dormir. Pero existen dispositivos de respiración artificial para aliviar a las víctimas de insuficiencia respiratoria o para que los astronautas que visitan otro planeta sin oxígeno sobrevivan. La invención de los respiradores se remonta al siglo XV[34] pero su uso solo se difunde en la segunda mitad del siglo XX. En las ciudades donde el aire está particularmente contaminado, como en algunas megalópolis chinas, tienen gran aceptación las máscaras dotadas de un purificador de aire. Los dispositivos de respiración artificial han llegado a ser un objeto de consumo corriente. Como pasó con

---

[33] Véase *La Civilisations des mœurs*, París, Pocket, 2003, cap. 4 [ed. cast.: *La civilización de los padres y otros ensayos*, Santa Fe de Bogotá, Norma, 1998].
[34] Véase A. B. Baker, «Artificial respiration, the history of an idea», *Medical History* 15/4 (1971).

el hambre, también en este caso la manera de satisfacer la necesidad natural que es respirar se modifica a lo largo de la historia. En suma, una necesidad puede ser absoluta y no por ello deja de ser histórica[35]. No puedo sobrevivir sin un medicamento que fluidifica mi circulación sanguínea. Sin embargo, esa medicina es el fruto de una innovación farmacéutica reciente. La necesidad imperiosa que tengo de tomarla ha aparecido pues a lo largo del tiempo. Un congénere que sufriera la misma patología y hubiera vivido antes de que se descubriera esta innovación, no habría tenido la misma necesidad, pues su satisfacción era entonces inconcebible. La necesidad y la historia no se oponen.

Contextualizar históricamente las necesidades desemboca a veces en lo que se ha convenido en llamar el «bienestar»[36]. El bienestar tiene un fundamento biológico. Supone la supervivencia, es decir la satisfacción de las necesidades biológicas absolutas. Pero la trasciende. El bienestar consiste en una forma de satisfacción de las necesidades de orden superior. Hay una dimensión objetiva: un individuo que no come hasta saciar su hambre no sentirá bienestar. Pero implica además una evaluación «subjetiva» –Marx emplea el término en el párrafo que acabamos de citar– de esa condición por parte de la persona o del grupo. Ahora bien, esta evaluación se sustenta en las normas de bienestar que estén en vigor en cada época. Es relativa.

En Francia, una ley sancionada en octubre de 1979 fija en 19 °C el límite superior de temperatura de la calefacción en los hogares, oficinas y lugares de enseñanza[37]. Este límite responde a un objetivo de controlar el gasto energético del que la representación nacional toma conciencia a comienzos de

---

[35] Véase David Wiggins y Sira Dermen, «Needs, need, needing», *Journal of Medical Ethics* 13/2 (1987).

[36] Véase Rémy Pawin, «La prise en compte du bien-être dans les sciences sociales: naissance et développement d'un champ de recherche», *L'Année sociologique* 64/2 (2014).

[37] Es el artículo R 131-20 del código de la construcción y de la habitación: https://www.legifrance.gouv.fr/codes/article_lc/LEGIAR-TI000006896423/2021-07-14/.

los años ochenta. La Agencia del medioambiente estima que cada grado de temperatura suplementario en un edificio implica un aumento del gasto energético del 7 por 100. Esta legislación se basa en la noción de «confort térmico»: «La definición de este límite, precisa la ley, se inscribe en una política voluntarista de búsqueda de equilibrio entre el confort térmico de los ocupantes y el buen manejo de los consumos». El confort térmico es una norma mensurable. Un inquilino puede invocarla a fin de que la temperatura de su vivienda se ajuste a ella. Esta norma no es arbitraria. Si se la fijara demasiado baja provocaría hipotermia en los ocupantes de la vivienda. Si fuera demasiado alta, crearía una atmósfera sofocante. Tiene, por consiguiente, un fundamento biológico: la necesidad de mantener el organismo humano a una temperatura central de 37 °C. Pero también tiene un carácter histórico. La prueba está en que esa norma ha evolucionado a lo largo del tiempo. Una ley francesa anterior a la de octubre de 1979 fijaba la tempera interior legal en 20 °C[38]. Por lo tanto, con el paso de los años, el buen manejo del gasto energético se ha impuesto sobre la sensación de calor y la norma del confort térmico ha disminuido 1 °C.

Durante la década de los noventa, la Agencia del medioambiente desarrolló un concepto de confort térmico más preciso, diferenciado según las habitaciones de la vivienda. Evalúa la temperatura normal de un cuarto de baño en 22 °C, la del dormitorio en 16 °C y la de la sala en 18 °C. Además de responder a una necesidad biológica, la de calentarse, el confort térmico depende de las actividades del individuo. Asimismo se relaciona con la ropa que lleve puesta y con su salud. Al depender del contexto histórico, las necesidades entran en el campo jurídico: se vuelven un objeto de derecho que penetra en todos los rincones de la vida cotidiana.

---

[38] Véase la versión anterior del artículo del código de la construcción y la habitación: https://www.legifrance.gouv.fr/codes/article_lc/LEGIARTI000006896423/2021-07-14/.

La medida del «bienestar» está en el corazón de las políticas de desarrollo aplicadas durante los últimos treinta años en los países del Sur. El Programa de las Naciones Unidas para el Desarrollo (PNUD) creó en los años noventa un «índice de desarrollo humano». Este índice, elaborado principalmente por la premio Nobel de economía Amartya Sen, corresponde a «nuevos indicadores de riqueza»[39]. Estos ponen en tela de juicio la hegemonía dada al PIB en la concepción de la riqueza e incluyen en ella valores tales como la educación, la salud, el medioambiente o las libertades públicas. Estos nuevos indicadores definen normas en la materia a las que cada país debe aproximarse aplicando políticas de desarrollo supuestamente eficaces.

Algunos de estos indicadores se sustentan en una teoría de las «capacidades» desarrollada sobre todo por Sen y la filósofa Martha Nussbaum[40]. Esta teoría estipula que, lejos de limitarse a la riqueza material, el desarrollo debe ofrecer a los individuos la «capacidad» de actuar de manera autónoma, de dirigir su existencia. A la teoría de la «libertad negativa» desarrollada por el liberalismo –la libertad entendida como ausencia de imposiciones–, Sen y Nussbaum oponen una teoría de la «libertad sustancial» que pone el acento en las condiciones concretas del ejercicio de la libertad. Estas condiciones no son las mismas en todos los países sino que son función del nivel de desarrollo de cada uno. Pero todas convergen hacia un ideal de «desarrollo humano» universal.

La teoría crítica de las necesidades había anticipado, ya en los años sesenta, ciertas intuiciones características de estos enfoques. Contra las interpretaciones «cientificistas» de la obra de Marx, de moda por entonces (pensamos fundamentalmente en el althusserianismo), Gorz y Heller hicieron hin-

_____

[39] Véase Jean Gadrey y Florence Jany-Catrice, *Les Nouveaux Indicateurs de richesse*, París, La Découverte, «Réperes», [4]2016.
[40] Véase, por ejemplo, Martha Nussbaum, *Creating Capabilities. The Human Development Approach*, Cambridge, Massachusetts, Harvard University Press, 2011 [ed. cast.: *Crear capacidades. Propuestas para el desarrollo humano*, Barcelona, Paidós, 2012].

capié en su dimensión normativa, en los valores humanistas radicales que subtienden sus teorías. Marx no se conforma con analizar «científicamente» el capitalismo, con extrapolar, partiendo de las tendencias que observa, los contornos de la sociedad comunista futura. Presenta una concepción de la *buena sociedad*, que le permite a su vez someter a crítica la sociedad capitalista del momento. El concepto de necesidad es decisivo en la elaboración de idea de sociedad. Es un concepto indisociablemente descriptivo y normativo.

Este humanismo radical tiene sin embargo una originalidad: que se presenta adosado a una teoría del capitalismo, del productivismo y del consumismo que lo caracterizan. Consiste en una crítica de ese sistema que tiene dos consecuencias: la crisis ambiental y la alienación, ambas generadas por la permanente creación de nuevas necesidades artificiales. Esto hace que el «bienestar» en un régimen capitalista sea siempre precario pues está sujeto a crisis, ambientales y de otro tipo. Y esta situación pone además en duda la realidad del bienestar: ¿se trata de un bienestar real o ficticio? Ese bienestar, ¿se obtiene en detrimento del prójimo o es compatible con un bienestar general?

La teoría crítica de las necesidades se interesa además en la dinámica de las necesidades, en el tipo de transformación social que pueden impulsar. En la *Crítica de la razón dialéctica*, su obra más marxiana, Sartre escribe: «En su pleno desarrollo, la necesidad es trascendencia y negatividad (negación de negación en la medida en que se produce como carencia que procura negarse) y, por lo tanto, *superación hacia* (proyecto rudimentario)»[41]. Y poco después agrega: «Necesidad, negatividad, superación, proyecto, trascendencia forman en efecto una totalidad sintética en la que cada uno de los momentos indicados contiene a todos los demás[42].

---

[41] Véase Jean-Paul Sartre, *Critique de la raison dialectique*, París, Gallimard, 1960, p. 105 [ed. cast.: *Crítica de la razón dialéctica*, Buenos Aires, Losada, 2005].

[42] *Ibidem*, p. 107.

En su origen, la necesidad procede de una carencia. En su superación surge un «proyecto» que trasciende su mera satisfacción inmediata. Al comienzo «rudimentaria», esa necesidad es susceptible de transformación y puede llegar a adquirir la forma de un nuevo mundo posible. La imposibilidad de saciar una necesidad trivial, como alimentarse o calentarse hace que la persona cobre conciencia de la injusticia y que quiera combatirla. Para Sartre, la necesidad se define precisamente por esta dialéctica de la «carencia» y el «proyecto»[43].

LAS DOS PARADOJAS DE LAS NECESIDADES RADICALES

No todas las necesidades «auténticas» son de orden biológico. Amar y ser amado, cultivarse, poder ejercer la propia autonomía y expresar la creatividad manual e intelectual, tomar parte en la vida de la ciudad, contemplar la naturaleza, gozar de una sexualidad plena... En el plano fisiológico, ciertamente es posible prescindir de estas expansiones; no son necesidades biológicas absolutas como nutrirse, dormir o protegerse del frío. Sin embargo son consustanciales a la definición de la vida humana, de una «buena vida». André Gorz las llama *necesidades cualitativas*; Agnes Heller, retomando una expresión empleada por el mismo Marx, *necesidades radicales*. Y este es un criterio esencial para distinguir las necesidades auténticas de las necesidades superfluas.

Las necesidades radicales se basan en dos paradojas. La primera es que el capitalismo, al mismo tiempo que explota y aliena, a la larga engendra cierto confort material para sectores importantes de la población, pero, como hemos visto, no para todos. Por otra parte, ese confort es más el resultado de las luchas por la redistribución de las riquezas que del capitalismo mismo. Pero el desarrollo económico que impulsa este

---

[43] Véase Elisabeth Butterfield, «Sartre and Marcuse on the relation between needs and normativity», *Sartre Studies International* 10/2 (2004).

sistema indiscutiblemente está allí por una razón[44]. Para que emerjan las necesidades cualitativas, es necesario engendrar un excedente económico que permite satisfacer algo más que las meras necesidades vitales. El capitalismo libera en parte al individuo de la obligación de ocuparse cotidiana y directamente de garantizar su supervivencia. Entonces adquieren importancia necesidades más cualitativas. Pero, a medida que esas necesidades se hacen más perentorias, el capitalismo impide satisfacerlas plenamente. La división del trabajo encierra al individuo en funciones y competencias estrechas que obstaculizan la posibilidad de desarrollar libremente la gama de las facultades humanas. Del mismo modo, el consumismo reemplaza las necesidades auténticas con necesidades ficticias que sepultan a las primeras. La compra de una mercancía procura una satisfacción momentánea que dura solo hasta que el deseo que esa misma mercancía había creado vuelva a desplegarse hacia otro escaparate.

Constitutivas de nuestro ser, de nuestra definición de una «buena» vida humana, aquellas necesidades auténticas no pueden hallar su satisfacción en el régimen económico actual y por eso mismo constituyen el fermento de numerosos movimientos de emancipación. «La necesidad es fuerza revolucionaria en estado latente», dice André Gorz[45]. La búsqueda de su satisfacción conduce, tarde o temprano, a que los individuos sometan a crítica ese sistema que impide su realización. La historia de los movimientos sociales modernos consiste en una sucesión de luchas en pos de saciar necesidades insatisfechas, parcialmente satisfechas o satisfechas de manera defectuosa por el capitalismo.

---

[44] Véanse Göran Therborn, «The rule of capital and the rise of democracy», *New Left Review* I/103 (1977) y Branko Milanovic, *Inégalités mondiales. Le destin des clases moyennes, les ultra-riches et l'égalité des chances*, París, La Découverte, 2019 [ed. cast.: *Desigualdad mundial. Un nuevo enfoque para la era de la globalización*, México, Fondo de Cultura Económica, 2018].

[45] Véase André Gorz, *La Morale de l'histoire*, París, Seuil, 1959, p. 235.

Esas necesidades son diversas. Algunas luchas conciernen a la satisfacción de necesidades biológicas absolutas. Es el caso de las revueltas del hambre, del tipo de las que sacudieron el mundo entre 2007 y 2008, una de cuyas consecuencias fue el estallido de la «Primavera Árabe»[46]. Otras están impulsadas por necesidades aparecidas más recientemente, como el «derecho a la oscuridad» que surge durante las últimas décadas a medida que tomamos conciencia de la contaminación lumínica. Otras luchas se libran también en nombre de «ideas» generales, como la libertad y la igualdad, consideradas necesidades auténticas. A veces, lo que está en juego en ciertas luchas es la definición misma de necesidad, el umbral más allá del cual podría juzgarse satisfecha o insatisfecha o si es el Estado o el sector privado el que debe hacerse cargo de su satisfacción.

Agnes Heller establece una equivalencia entre tomar «conciencia de la alienación» y descubrir cuáles son nuestras «necesidades radicales»[47]. Uno puede estar alienado sin saberlo. Hasta es característico de la alienación mantener a sus víctimas en la ignorancia de su condición. La literatura y el cine «distópicos» nos han mostrado numerosos ejemplos. *1984* de Georges Orwell (1949) y *Matrix* de las hermanas Wachowski (1999) describen con medio siglo de distancia dos sociedades «totalitarias» cuyos miembros no son conscientes de la servidumbre a la que han sido sometidos. En ambos casos, se trata de metáforas de sociedades realmente existentes.

No obstante, una persona o un grupo alienado puede darse cuenta de su condición o llegar a comprender plenamente lo que antes sentía de manera confusa. Esta toma de conciencia no revoca inmediatamente la alienación, pues esta no es solo una cuestión de «conciencia» sino que resulta también de estructuras sociales alienantes. Con todo, la toma de conciencia

---

[46] Véase el número de la revista *Maghreb/Machrek* titulado «Agricultures du Maghreb/Machrek à l'épreuve de la crise alimentaire et des révolutions arabes» (215/1 [2013]).

[47] Véase Agnes Heller, *La Théorie des besoins chez Marx*, cit., p. 133.

desencadenará una lucha que, en el largo plazo, llevará a la transformación de esas estructuras y, por ende, al fin de la alienación. En ese mismo movimiento expandirá el círculo de aquellos que tienen conciencia de la alienación. Las necesidades radicales son el «operador» que subtiende ese proceso. El capitalismo las ha hecho posibles pero no las satisface. Si «la burguesía produce a sus propios sepultureros», como dice una célebre fórmula del *Manifiesto comunista* frecuentemente mal comprendida, ello se debe a que el capitalismo hace surgir lo que justamente genera su rechazo: las necesidades radicales. Ciertamente, hasta el día de hoy, esas necesidades no han «sepultado» el capitalismo, pero lo han transformado y seguirán transformándolo aún más en el futuro.

Las necesidades cualitativas evolucionan históricamente. Marx anhela el surgimiento de una sociedad «rica en necesidades», lo que significa que periódicamente se creen nuevas necesidades cualitativas. Y agrega en los *Grundrisse:*

> [...] el descubrimiento, la creación, la satisfacción de nuevas necesidades surgidas de la sociedad misma; el cultivo de todas las cualidades del hombre social, para producir un hombre social que tendrá un *máximo de necesidades* porque será rico en cualidades y abierto a todo –el producto social más completo y más universal que pueda existir (pues, para alcanzar un goce multilateral, es necesario contar con la capacidad misma de ese goce y, por lo tanto, con un alto nivel cultural)–, todo esto es también una condición de la producción fundada en el capital[48].

Viajar, por ejemplo, permite que un individuo se cultive y se abra a la alteridad[49]. Hasta mediados del siglo XX, solo las

---

[48] Véase Karl Marx, *Manuscrits de 1857-1858, dits «Grundrisse»,* cit. p. 370. La bastardilla es mía.

[49] En 1908, Georg Simmel desarrolló una variante clásica de este argumento en su «Digresión sobre el extranjero», en Yves Grafmeyer e Isaac Joseph (comp.), *L'École de Chicago. Naissance de l'écologie urbaine,* París, Flammarion, 2009.

elites viajaban. Desde entonces, hemos asistido a una democratización de esta práctica. Una manera de definir el progreso consiste en verlo como creador de necesidades cada vez más enriquecedoras y refinadas, accesibles a una mayor cantidad de gente. Ese proceso no sigue una evolución lineal; se desarrolla ampliando y diversificando el espectro de las necesidades cualitativas: «Cuanto más rica sea una civilización tanto más ricas y diversas serán las necesidades de sus ciudadanos», dice Gorz haciéndose eco de Marx[50]. La riqueza de la que habla Gorz aquí no es el valor capitalista. Es una riqueza «cualitativa» pero que, en parte, ha sido posible gracias al valor que, al mismo tiempo, la obstaculiza.

El problema es que en este recorrido aparecen necesidades nefastas, insostenibles y a la vez alienantes. El turismo en aviones *low cost*, el que se practica volando por compañías como EasyJet o Ryanair, por ejemplo, contribuye a la democratización del viaje, lo hacen accesible a las clases populares de bajos ingresos. La dirección general de aviación civil francesa publicó en 2014 una encuesta dedicada a la situación del transporte aéreo[51]. Este informe demuestra que el 71 por 100 de los franceses ya han viajado en avión por motivos personales o profesionales. En cuarenta años, el número de pasajeros se ha multiplicado por diez. En 2013, las compañías *low cost* aumentaron un 9 por 100 su número de clientes y desde entonces representan aproximadamente un cuarto del tráfico aéreo francés.

Con todo, el turismo aéreo *low cost* no es sostenible desde el punto de vista de la emisión de gases de efecto invernadero[52]. Por otra parte, destruye los equilibrios de las zonas turísticas hacia donde la gente se desplaza masivamente para ver… a otros turistas que también han llegado allí a ver lo que haya para ver. Es completamente evidente que lo que se da en estas

---

[50] André Gorz, *La Morale de l'histoire*, cit., pp. 234-235.
[51] Podrá encontrarse ese informe en https://www.ecologie.gouv.fr/sites/default/files/EIAC%202013%20VF.pdf.
[52] Véase Jens Borken-Kleefeld, «Specific climate impact of passenger and freight transport», *Environmental Science & Technology* 44/15 (2015).

situaciones es una forma de lo «inauténtico», aun cuando paralelamente estén acompañadas de una expansión del horizonte cultural. Esta constatación ha llevado a Ada Colau, la alcaldesa de Barcelona, próxima a Podemos, a lanzar, desde el momento de su elección en 2015, una lucha contra los excesos de la industria turística en esa ciudad[53].

Viajar ha llegado a ser una necesidad auténtica. «Odio los viajes y a los exploradores»: el célebre comienzo de *Tristes trópicos* (1955) es una coquetería pronunciada por uno de los más refinados conocedores de la riqueza y de la diversidad de las formas de vida humanas[54]. Claude Lévi-Strauss había acumulado ese conocimiento viajando. Sin embargo, habrá que inventar nuevas formas de viaje adaptadas al mundo de mañana. La democratización de los viajes es una conquista pero el desafío que nos espera consiste en imaginar una democratización que no sea al mismo tiempo estandarización.

Si bien el progreso social provoca a veces efectos perversos, necesidades que en su origen hayan sido nefastas pueden llegar a ser sostenibles con el paso del tiempo. Hoy, poseer un Smartphone corresponde a una necesidad egoísta. Estos teléfonos contienen «minerales de sangre»: principalmente tungsteno, tántalo, estaño y oro. La extracción de esos minerales ocasiona conflictos armados y contaminaciones graves para la salud en las regiones donde se los halla. Pero no es el Smartphone como tal lo que está en tela juicio; si llegara a inventarse un teléfono inteligente realmente «justo» –el *fairphone* parece ser su prefiguración[55]–, no habría razón para desterrarlo de las sociedades futuras.

---

[53] Véase «Barcelone: la nouvelle guerre au tourisme de masse», *La Tribune*, 11 de agosto de 2016.

[54] Véase Claude Lévi-Strauss, *Tristes tropiques*, París, Pocket, 2001 [ed. cast.: *Tristres trópicos*, Barcelona, Espasa, 2017]. Sobre una explicación de esta frase dada por el mismo Lévi-Strauss, véase el archivo audiovisual: www.ina.fr/video/I06298103.

[55] Véase Clea Chakraverty, «Fairphone, vers un téléphone équitable, modulable, reciclable et... grand public?», *Basta!*, 12 de abril de 2016.

Especialmente porque el teléfono inteligente ha suscitado formas novedosas de sociabilidad, al permitir el acceso continuo a las redes sociales y gracias a la cámara fotográfica que tiene incorporada. El teléfono inteligente lleva hoy a su propietario a «documentar» su vida de manera original[56]. Es un hecho que, en algunos usuarios, esta posibilidad alienta el narcisismo o da lugar a neurosis. Pero indudablemente, tal consecuencia no es inevitable. En este sentido, no está descartado que el Smartphone (algunos de sus usos al menos) se transforme progresivamente en necesidad cualitativa, como sucedió antes con los viajes. Se abrirá entonces un espacio conflictivo que opondrá los usos progresistas a los usos alienantes de ese dispositivo técnico. Marx era plenamente consciente de esta dialéctica del uso y las necesidades. La noción de necesidad está presente desde las primeras líneas de *El capital*, lo cual señala la centralidad que tenía el tema en sus reflexiones:

> La riqueza de las sociedades en las que reina el modo de producción capitalista se anuncia como una «inmensa acumulación de mercancías». El análisis de la mercancía, forma elemental de esa riqueza, será en consecuencia el punto de partida de nuestras investigaciones. La mercancía es en primer lugar un objeto exterior, una cosa que merced a sus propiedades satisface necesidades humanas del tipo que fueran. La naturaleza de esas necesidades, el que se originen, por ejemplo, en el estómago o en la fantasía, en nada modifica el asunto[57].

Toda mercancía tiene una doble vida. El «valor de intercambio» o el «valor propiamente dicho» designa las propor-

---

[56] Sobre la diversidad de usos de las nuevas tecnologías, véase Éric Dagiral y Olivier Martin (comp.), *L'Ordinaire d' Internet. La Web dans nos pratiques et relations sociales*, París, Armand Colin, 2016.
[57] Véase Karl Marx, *Le Capital, Livre premier*, cit., p. 39 [ed. cast.: libro I, tomo I, Madrid, Akal, ²2000, p. 55].

ciones en las que las mercancías se intercambian entre sí. Remite a la dimensión cuantitativa de la mercancía. En última instancia, está determinada por el tiempo de trabajo «socialmente necesario» para producirla. El «valor de uso» remite al contrario a la dimensión cualitativa de la mercancía. Un uso es siempre singular, es mi uso o es el tuyo. Por supuesto, los usos pueden asemejarse. Nuestro uso de ese trozo de carne es que lo comemos. A pesar de todo, se trata de dos actos separados. Esencialmente, todo uso responde a una necesidad, independientemente de que «se origine, por ejemplo, en el estómago o en la fantasía». Si toda mercancía tiene un valor de uso y todo uso responde a una necesidad significa que la necesidad es el fundamento de la mercancía. En este sentido, no hay mercancía sin necesidad[58].

Que toda mercancía se sustente en una necesidad no garantiza la autenticidad de la necesidad subyacente. Una mercancía, como hemos visto, puede crear artificialmente la necesidad que va a satisfacer. La producción crea al consumidor. Esto no significa que toda nueva necesidad sea forzosamente nefasta. Solo implica que, para que sea sostenible y benéfica, es necesario arrancarla de la zarpa del capital, de la lógica productivista y consumista que lo caracteriza. Toda crítica de la mercancía comienza pues por una crítica de la necesidad que aquella pretende satisfacer. Tal es la crítica a la que procura invitar este libro.

EL SELLO DE LA ESPECIE

Las necesidades radicales están sujetas a una segunda paradoja. En el plano colectivo, no cesan de evolucionar y de enriquecerse. Pero, en la escala individual, asistimos a un empobrecimiento de las necesidades y de las maneras de satisfa-

---

[58] Véase Agnes Heller, *La Théorie des besoins chez Marx*, cit., pp. 37-38.

cerlas. Ello se comprueba muy particularmente en el seno de las clases populares, pero también entre las clases dominantes. «La riqueza de la especie y la pobreza del individuo se condicionan recíprocamente y se reproducen mutuamente», dice Heller al describir esta paradoja[59]. ¿Cómo explicarlo? El grado de refinamiento de las necesidades depende en primer lugar del tiempo de que disponga la persona para cultivarlas. Cuanto menos tiempo tenga, tanto más toscas serán sus necesidades y tanto más sucumbirá a las necesidades «formateadas». Ahora bien, en los regímenes capitalistas, el individuo –en particular el subalterno–dedica lo esencial de su energía al trabajo. En los países pertenecientes a la Organización para la Cooperación y el Desarrollo Económicos (OCDE), un asalariado pasa en promedio el 40 por 100 de su tiempo trabajando[60]. El resto incluye las horas de sueños y de las comidas, es decir la satisfacción de las necesidades vitales. Por consiguiente, le queda poco tiempo para que sus necesidades sean un verdadero objetivo por alcanzar. Al factor tiempo se agrega el agotamiento. Una jornada dedicada a la producción de valor reduce la parte de energía y de atención disponible para cultivar necesidades más elaboradas, por ejemplo, en la esfera de la cultura o de la sexualidad[61].

De ahí que la reducción de la jornada laboral sea una medida central en la teoría crítica de las necesidades. Gorz es uno de los primeros teóricos de la reducción del tiempo de trabajo y también del ingreso mínimo garantizado. Esa reducción permitirá, no solo compartir el trabajo equitativamente, de modo tal que todos puedan asumir su parte –una parte considerablemente reducida para cada trabajador–, sino que además aumentará el tiempo libre que tendrá cada indivi-

---

[59] *Ibid.*, p. 133.
[60] Véase el *Better Life Index* desarrollado por la OCDE, www.oecd betterlifeindex.org/.
[61] Véase Philippe Zawieja (comp.), *Dictionnaire de la fatigue*, París, Droz, 2016.

duo para ocuparse de sí mismo. El tiempo libré llegará a ser entonces, como dice Marx, la «medida de la riqueza», una riqueza emancipada del valor[62].

De ese modo hasta se pondrá en marcha una dinámica de superación del capitalismo, pues en este, la duración del trabajo solo puede reducirse hasta cierto punto: puede disminuir a medida que la producción aumente, pero no más. Una reducción sustancial del tiempo de trabajo, capaz de cambiar verdaderamente la situación en materia de emancipación de las necesidades, supone pensar en la transición hacia otro sistema, una transición que promoverá la «singularización» de las necesidades, liberándolas de la lógica homogeneizadora del capital y a su vez se verá favorecida por esas singularidades.

La estandarización de la producción es un segundo factor que explica el empobrecimiento o la trivialización de las necesidades individuales propios del régimen capitalista: se producen las mismas mercancías en cantidades cada vez mayores. Esta estandarización responde sobre todo a la necesidad de bajar los costos de producción y alcanzar la economía de escala. Este es un factor central en el surgimiento de la «sociedad de consumo», aun cuando su historia se remonte al siglo XIX[63]. La invención del contenedor, la «contenedorización» que hizo posible la globalización del capital, al disminuir los costos de transporte, acentuó aún más esta tendencia durante el último tercio del siglo XX[64]. Es verdad que la estandarización cohabita con una renovación constante de las mercancías. Pero, el iPhone 7, ¿es una nueva mercancía comparada con el iPhone 6? En realidad, se trata del mismo objeto dota-

[62] Véase sobre este punto Michel Husson, «Communisme et temps libre», *Critique communiste* 152 (1998).

[63] Véase Frank Trentmann, *Empire of Things. How We Became a World of Consumers, From the Fifteenth Century to the Twenty-First*, Londres, Allen Lane, 2016, cap. 5.

[64] Véase Marc Levinson, *The Box. How the Shipping Container Made the World Smaller and the World Economy Bigger*, Princeton, Princeton University Press, 2008.

do de algunas funcionalidades nuevas, de un diseño diferente, en el que se han corregido algunos defectos.

Esta estandarización influye en los modos de consumo, en la definición de las necesidades y de las maneras de satisfacerlas. El consumidor consume aquello a lo que tiene acceso, esto es, a las mercancías estandarizadas. Por supuesto, existen formas de consumo alternativas o «comprometidas» pero son marginales[65]. Cada individuo está en condiciones de dar un uso singular a su iPhone y sin embargo es el mismo iPhone que puede comprarse en los cuatro puntos cardinales. Por tanto, los usos tienden a ser semejantes. La producción crea al consumidor. Ahora bien, al estar estandarizada la producción, también el consumidor lo está.

Desde el momento en que la sociedad rompa con el productivismo, la estandarización de las mercancías dejará de ser una necesidad y las necesidades tenderán a atomizarse. Esto no significa que no tengan ningún límite, que toda necesidad podrá quedar satisfecha. Solo implica que otras necesidades le fijarán sus límites atendiendo al libre juego de las necesidades y no por las normas de la producción. Este libre juego se dará en el seno interno de cada persona y también entre diferentes personas. Y también estará determinado por las reglas de consumo que la sociedad se imponga democráticamente a sí misma.

La rotación rápida de las mercancías impulsada por las necesidades de la producción explica la insatisfacción crónica del consumidor. Paradójicamente, esa insatisfacción puede ser el resultado de una carencia y, a la vez, de un exceso del objeto en cuestión. Sartre aún no lo veía claramente en 1960 cuando publicó *Crítica de la razón dialéctica*. Por entonces, la sociedad de consumo no funcionaba aún con toda su potencia. Para Sartre, la necesidad emana de una carencia. Pero bien sabemos que también puede derivar de un exceso de mercancías.

---

[65] Véase Sophie Dubuisson-Quellier, *La Consommation engagée*, París, Presses de Science Po, 2009.

Lo que está en juego, dice Gorz, es lograr instaurar una «norma de lo suficiente»[66]. Esta norma existía en los tiempos precapitalistas[67]. Sin embargo, el capitalismo la ha reemplazado por la norma del «siempre más». La «norma de lo suficiente» concierne únicamente a los bienes materiales. Pues, en materia de necesidades «cualitativas», por el contrario, se impone el principio de experimentación. Pero las dos están vinculadas: desde el momento en que la satisfacción de las necesidades materiales deja de ser central en la vida de los individuos, estos pueden cultivar libremente otro tipo de necesidades. Se ha criticado mucho a Marx y a los marxistas por su productivismo. A menudo se dice que la sociedad de abundancia que prometen, la que debe suceder al capitalismo, supone un crecimiento indefinido de las fuerzas productivas. Y, en efecto, en la *Crítica del programa de Gotha*, Marx escribe

Solamente cuando, con el desarrollo múltiple de los individuos, también se hayan acrecentado las fuerzas productivas y las fuentes de la riqueza colectiva fluyan con abundancia, podrá superarse definitivamente el horizonte limitado del derecho burgués y la sociedad podrá escribir en sus banderas: de cada cual según sus capacidades a cada cual según sus necesidades[68].

Pero lo que no han visto muchos comentadores es que en la obra de Marx el concepto de abundancia no se define úni-

---

[66] Véase André Gorz, «L'écologie politique entre expertocratie et autolimitation», *Actuel Marx* 12 (2.do semestre 1992), republicado en *Ecologica*, París, Galilée, 2008.

[67] Entre las numerosas publicaciones que documentan este dato, léase, por ejemplo, Michael Merrill, «Cash is good to eat: self-sufficiency and exchange in the rural economy of the United States», *Radical History Review* 13 (1977).

[68] Véase Karl Marx, «Critique du programme de Gotha», en Karl Marx y Friedrich Engels, *Critique des programmes de Gotha et d'Erfurt*, París, Éditions sociales, 1972, p. 32 [ed. cast.: «Crítica del programa de Gotha», en Karl Marx y Friedrich Engels, *Obras escogidas*, vol. 2, Madrid, Akal, 2016, p. 17].

camente del lado de la oferta. También se tiene en cuenta desde el punto de vista de la demanda o del uso: «¿Cuál es el colmo del bochorno del señor Proudhon? Que sencillamente se olvidó de la demanda y de que un objeto no puede ser raro ni abundante sino por la demanda que haya de él», leemos, por ejemplo, en *Miseria de la filosofía*, su disputa con el fundador del anarquismo moderno[69]. Para Marx, en última instancia solo hay utilidad para un consumidor y, por lo tanto, la abundancia y la rareza son relativas. Dicho de otro modo, la abundancia supone la sobriedad, un principio de autolimitación de la producción antes que un desarrollo sin límite de las fuerzas productivas. Ese es el sentido último de «a cada uno según sus necesidades»: en la sociedad postcapitalista, las *verdaderas* necesidades serán la medida de lo que se produzca y se consuma.

Que la «riqueza de la especie» en materia de necesidades esté acompañada de la «pobreza del individuo» se debe en definitiva a la división del trabajo. La división del trabajo existe de diversas formas en todas las sociedades humanas. Lo que caracteriza la división *capitalista* del trabajo es que se funda en la división entre el trabajo manual y el trabajo intelectual[70]. El capitalismo asigna, durante largo tiempo, a ciertos individuos (la mayoría) el primero y a otros (una minoría), el segundo. Sin modificar ningún otro factor, se supone que esta división debe acrecentar la productividad. La informatización del trabajo vigente desde hace unas tres décadas no cuestiona fundamentalmente este principio. Ha suscitado la proliferación de tareas repetitivas como la entrada y gestión de datos numéricos «masivos» que no favorecen en absoluto la creatividad.

---

[69] Véase Karl Marx, *Misère de la philosophie*, París, Payot, 2002, p. 84. Véase también Jean-Yves Le Bec, «Abondance/Rareté» en Georges Labica y Gérard Bensussan (comp.), *Dictionnaire critique du marxisme*, cit., pp. 1-3.

[70] Véase Ali Rattansi, *Marx and the Division of Labour*, Londres, Macmillan, 1982.

David Graeber ha llamado *bullshit jobs*[71] a esos empleos rutinarios de la era de lo numérico. Gorz es el gran pensador de los efectos políticos de la división del trabajo. Esta división implica que el individuo está limitado a ejercer un conjunto restringido de tareas a lo largo de toda su vida. Y, puesto que el trabajo ocupa un lugar central en las sociedades capitalistas, esa posición influye en todos los aspectos de su existencia. Si uno cumple un trabajo embrutecedor o que le deja poco tiempo y poca energía para cultivarse, sufrirá las consecuencias en sus relaciones de amistad y en su vida amorosas a las que se les habrá amputado algunas de sus potencialidades. Existen, por supuesto, las reconversiones profesionales que permiten ampliar el horizonte. En Francia, en el periodo comprendido entre 1982 y 2009, un 7,4 por 100 de los asalariados recurrió a ellas[72]. Pero, por una parte, un individuo puede cambiar de empleo sin cambiar de oficio o ejercer otro oficio que exige competencias muy parecidas a las del anterior y, por otra parte, esas reconversiones son tanto más escasas cuanto más especializado es el oficio de que se trate. Muchas de ellas corresponden a empleos administrativos que se repiten en todos los sectores de actividad: contabilidad e informática, por ejemplo. Asimismo pueden comprobarse grandes desigualdades entre las distintas profesiones pues las reconversiones son una práctica que se da más entre los altos cargos que entre los obreros.

La división capitalista del trabajo va acompañada de una tendencia a la descalificación del trabajo[73]. No es que los asa-

---

[71] Véase David Graeber, «On the phenomenon of bullshit jobs», *Strike!*, 17 de agosto de 2013. En Graeber esta noción designa asimismo los empleos no forzosamente repetitivos, pero socialmente dañinos como el del publicitario.

[72] Véase Conseil d'Orientation pour l'emploi, «Les reconversions professionnelles», 26 de septiembre de 2013, www.coe.gouv.fr/.

[73] Una versión clásica de esta tesis es la enunciada por Harry Braverman, *Labor and Monopoly Capital*, Nueva York, Free Press, 1974.

lariados no empleen su inteligencia. Sin sus conocimientos y sus destrezas la producción difícilmente podría seguir adelante. En el ámbito que sea, la producción siempre está sujeta a averías y anomalías que los trabajadores se apresuran a reparar sobre la marcha[74]. Pero ello no impide que la descalificación limite la actividad intelectual de los asalariados, en particular de aquellos que se sitúan en la parte baja de la escala social. El comunismo no abolirá toda división del trabajo. Siempre harán falta médicos y violinistas de modo que hay formas de especialización que serán insoslayables. En ese sentido, este pasaje célebre de *La ideología alemana* es una clara exageración:

En la sociedad comunista [...] nadie está encerrado en un círculo exclusivo de actividades y cada individuo puede formarse en cualquier rama de su elección; la sociedad es la que regula la producción general y me permite así hacer hoy tal cosa y mañana tal otra, cazar a la mañana, pescar después del mediodía, ocuparme del ganado al caer la tarde y entregarme a la crítica después de la cena, según las ganas que tenga sin transformarme nunca en cazador, pescador, pastor o crítico[75].

Una de dos: o bien Marx propone retornar a las sociedades de cazadores-recolectores pues, siendo la caza y la recolección actividades que requieren poca especialización, permitirían una diversificación máxima de la actividad: pero ese objetivo es contradictorio con el hecho de que, en tales sociedades, la diversificación de las funciones sociales es débil precisamente porque en ellas está poco desarrollada la división del trabajo. O bien, las sociedades comunistas serán sociedades

---

[74] Véase Patrick Chaskiel, «Syndicalisme et risques industriels: avant et après la catastrophe de l'usine AZF de Toulouse (septiembre 2001)», *Sociologie du travail* 49/2 (2007).

[75] Véase Karl Marx y Friedrich Engels, *L'Ideologie Allemande*, en Karl Marx, Œuvres. *Philosophie*, Gallimard, París, 1982, p. 1065 [ed. cast.: *La ideología alemana*, Madrid, Akal, 2014, p. 27].

complejas desde el punto de vista de sus estructuras sociales, lo que implicaría una división del trabajo avanzada. En este último caso, es poco probable que el espectro de las actividades accesibles a un individuo dado sea tan amplio como sugiere Marx.

Lo que quiere decir Marx en ese pasaje es simplemente lo siguiente: en el comunismo, la división entre el trabajo manual y el trabajo intelectual quedará relativizada si no ya abolida. La humanidad se habrá librado del productivismo, de la necesidad de que los actores económicos produzcan cada vez más para sobrevivir en un ambiente competitivo. Como consecuencia, la separación entre trabajo manual y trabajo intelectual perderá su centralidad. Si no hay productivismo, tampoco habrá una división duradera entre ambos.

La abolición de esa división tendrá un impacto en las necesidades. En las sociedades comunistas, asistiremos a una «intelectualización» de las necesidades. Al quedar satisfechas las necesidades materiales y al quedar reducido a su estricto mínimo el trabajo «socialmente necesario», los individuos tendrán todo el tiempo libre para reflexionar sobre sus necesidades cualitativas y sobre maneras innovadoras de satisfacerlas. Se disipará entonces la paradoja de que la especie sea rica y el individuo pobre en necesidades.

Todas las necesidades, dice Heller, llevaran pues el «sello de la especie»[76]. En una fórmula profunda, la filósofa define el comunismo como la «sociedad de la especie en sí». Cada individuo podrá experimentar una parte significativa de las necesidades desarrolladas por la especie. Estas serán como una paleta de colores de la que el individuo escogerá y a cuya creación a su vez contribuirá. Siguiendo el ejemplo de Marx, Heller utiliza la actividad artística como modelo para pensar la condición del individuo en el comunismo. El arte es sinónimo de

---

[76] Véase Agnes Heller, *La Théorie des besoins chez Marx*, cit., p. 129. Sobre la noción de «especie» en Marz, véase también Norman Geras, *Marx and Human Nature. Refutation of a Legend*, Londres, Verso, 1983.

creatividad y de autonomía. Por ello permite concebir una revolución permanente en la esfera de las necesidades. Una idea que viene de lejos: «Las verdaderas necesidades nunca son excesivas», dice Rousseau en *Julia o la nueva Eloísa*[77].

---

[77] Véase Jean-Jacques Rousseau, *La Nouevelle* Héloïse, París, Le Livre de Poche, «Calssiques», 2002, P. 614 [ed. cast. *Julia o la nueva Eloísa*, Madrid, Akal, 2007, p. 593].

CAPÍTULO II
Privación

La teoría crítica de las necesidades formulada por André Gorz y Agnes Heller tiene ya más de medio siglo. Desde entonces, la dialéctica de las necesidades radicales, fundada en esas dos paradojas no ha dejado de evolucionar. Es lo que muestran la contaminación lumínica y el movimiento contra la «pérdida de la noche» al que ha dado lugar. Así como hace cincuenta años Gorz y Heller elaboraron sus ideas en una sociedad en la que el problema del «derroche», de aquello que se produce sin necesidad, se había vuelto central, hoy la contaminación lumínica constituye un síntoma de una nueva fase en la historia de la alienación y de las destrucciones ambientales, de su agravación simultánea. Es la etapa de la *privación*. La acumulación del capital hoy hunde sus raíces en la vida. Sea porque esta engendra directamente valor, a través de la mercantilización de la salud (o de la enfermedad), del servicio a la persona o de la atención[1]. Sea porque sufre indirectamente los efectos de la acumulación, como «víctima secundaria». El «biocapitalismo» es un concepto que en ocasiones se emplea para designar esta tendencia[2]. Que el capitalismo explote

---

[1] Véase Yves Citton (comp.), *L'Économie de l'attention. Nouvel horizon du capitalisme?*, París, La Découverte, 2014.

[2] Véanse Cristina Morini y Andrea Fumagalli, «Life put to work: towards a life theory of value», *Ephemera. Theory & Politics in Organization* 10/3-4 (2010) y William Davies, *The Happiness Industry. How the Government and Big Business Sold Us Well-Being*, Verso, Londres, 2015 [ed. cast.: *La industria de la felicidad*, Barcelona, Malpaso, 2017].

la vida, la naturaleza en general, no es algo nuevo. Explotar el trabajo es explotar la fisiología humana, como ya lo señalaba Marx en este pasaje del libro I de *El capital:*

> [...] por variados que puedan ser los trabajos útiles o las actividades productivas, es una verdad fisiológica que son ante todo funciones del organismo humano y que toda función de este tipo, sean cuales fueren su contenido y su forma, es esencialmente un gasto del cerebro, de los nervios, de los músculos, de los órganos, de los sentidos, etcétera, del ser humano[3].

Desde siempre la vida es una de las condiciones del capital. Es la vida la que, en última instancia, engendra la plusvalía. Pero el dominio del capital sobre lo vivo se acrecienta con el tiempo, traspasa umbrales periódicamente y experimenta cambios cualitativos. Así vemos hasta qué punto hoy el capitalismo coloniza el «mundo vivido»[4]. El capitalismo explota no solo el trabajo propiamente dicho, con sus cimientos fisiológicos, sino también las facultades cognitivas, lingüísticas y hasta afectivas del individuo. La subjetividad y la cooperación ya no son únicamente condiciones ni instrumentos de la acumulación. Pasan a ser fuentes de valor de las que el capital saca provecho.

La primera consecuencia de esta subsunción creciente de la vida por parte del capital es que la distinción entre el trabajo y lo que no es el trabajo se relativiza y hasta a veces queda abolida. En todas las épocas, la explotación ha influido en los diferentes aspectos de la existencia de los asalariados, en el lugar de trabajo y fuera de él. Pero, desde el momento en que el lenguaje y los afectos pasan a ser fuentes de valor, como cuando una asistente a domicilio prodiga cuidados cotidianos a un anciano o un empleado de un *call center* trata de convencer a su interlo-

---

[3] Véase Karl Marx, *Le Capital, Livre premier,* cit., p. 82 [ed. cast.: Akal, cit., p. 102].

[4] Véase Stéphane Haber, *Penser le néocapitalisme. Vie, capital et aliénation,* París, Les Prairies ordinaires, 2013.

cutor de que compre una suscripción a un servicio de internet, lo que se está aportando al trabajo es la vida misma, ciertos fundamentos de la sociabilidad. Cuidar a otro hace intervenir emociones, convencer pasa por el lenguaje. Ahora bien, estos fundamentos desbordan las fronteras de la empresa tradicionalmente definida. Estamos hablando de competencias desarrolladas desde el nacimiento y en esferas sociales diversas. Esta relativización de la distinción entre el trabajo y estar fuera del trabajo plantea un problema de medición del tiempo de trabajo y, en consecuencia, de medición del valor. Si el valor de una mercancía es en función del tiempo de trabajo «socialmente necesario», ¿qué pasa cuando ese tiempo se confunde con la vida misma, cuando el valor moviliza facultades genéricas de la existencia humana? En tales condiciones, ¿cómo medir el «tiempo de trabajo» y, consecuentemente, el valor? En la era del biocapitalismo esta medición entra en crisis. Este es uno de los argumentos a favor del ingreso mínimo garantizado que parte del supuesto de que, en el capitalismo actual, se ha hecho difícil, hasta imposible, cuantificar el tiempo de trabajo y hacerle corresponder un salario[5].

La subsunción de la vida por parte del capital tiene una segunda consecuencia: la persona misma se vuelve una mercancía. En el capitalismo histórico, la mercancía es un objeto, «una cosa que merced a sus propiedades satisface necesidades humanas del tipo que fueran», como dice Marx en un pasaje ya citado. Ese objeto se caracteriza sobre todo por su índole serial (se lo produce en gran número), su estandarización (se lo arma partiendo de componentes idénticos) y por la especialización de los gestos productivos[6]. La mercancía tradicionalmente concebida se produce en el marco de una organización del trabajo que divide y jerarquiza la concepción (trabajo intelectual) y la

    [5] Véase Yann Moulier Boutang, *Le Capitalisme cognitif. La nouvelle Grande Transformation*, París, Amsterdam, 2008.
    [6] Véase Cristina Morini y Andrea Fumagalli, «Life put to work: towards a life theory of value», cit., p. 236.

ejecución (trabajo manual). El «fordismo» es una de las declinaciones históricas de esta organización del trabajo. En el marco del biocapitalismo, la mercancía deja de ser únicamente una entidad separada de la persona. El individuo mismo, su cuerpo, su subjetividad, su sociabilidad se transforman en mercancías. El fordismo no ha desaparecido, ni mucho menos[7]. Sus variantes contemporáneas continúan dominando en la escala mundial y hasta siguen siendo agobiantes en el seno de los países que alguna vez fueron capitalistas. Pero ahora cohabita con formas emergentes de mercancías que hacen más difícil establecer la distinción entre el objeto y la persona que lo consume. Algunas de sus manifestaciones son las «tecnologías del sí mismo» que apuntan a mejorar el rendimiento del individuo (*coaching*, nutricionismo), a extender su expectativa de vida, a evitarle ciertas patologías, la fuerza creciente de los autoemprendedores e inclusive el «trabajo numérico» *(digital labor)* mediante el cual las grandes empresas de tecnología digital –las GAFA (Google, Apple, Facebook, Amazon)– captan y valorizan la actividad de los usuarios de Internet[8].

El biocapitalismo está acompañado de un proceso de *autocomercialización*[9]. Más allá de su diversidad, este es el punto común de las diferentes tendencias. Estos procesos modifican la naturaleza del consumo pues la mercancía ha dejado de ser solamente un objeto «exterior». En ciertos casos, el individuo y el objeto consumido ya no están uno frente al otro sino que se confunden. En otros, el objeto consumido es la interacción social misma. Como dice Pierre Veltz, en este último caso, «la meta productiva es el éxito de una relación»[10].

---

[7] Véase Pierre Veltz, *La Société hyper-industrielle. Le nouveau capitalisme productif*, París, Seuil, 2017.

[8] Véase Dominique Cardon y Antonio Casilli, *Qu'est-ce que le Digital Labor?*, París, INA Éditions, 2015.

[9] Véase Joseph E. Davis, «The commodification of self», *The Hedgehog Review* 5/2 (2003).

[10] Véase Pierre Veltz, *La Société hyper-industrielle*, cit., p. 51.

La contaminación lumínica es sintomática de esta tendencia creciente del capitalismo a hundir sus raíces en la vida. Como vimos, esta contaminación afecta el adormecimiento, la atención, el apetito, la presión arterial y hasta la posibilidad de sufrir algún tipo de cáncer. Desorganiza, por su acción sobre ciertas hormonas, los ciclos y los ritmos que subtienden el funcionamiento del organismo, tanto en el ser humano como en los animales. Afecta, en suma, ciertas necesidades biológicas absolutas.

Paradójicamente, necesidades tales como nutrirse o protegerse del frío, que para nuestros antepasados representaban un factor esencial de la supervivencia, hoy tienden a estar satisfechas, al menos en importantes sectores de la población, mientras que otras necesidades biológicas, más «microscópicas», antes preservadas de la intrusión del capital, hoy tienden a sufrirla. Asistimos a la *biologización* del capitalismo. La etapa más reciente de esta tendencia se denomina *gene editing* o «edición genómica» que consiste en un «copiar-pegar» del código genético de organismos con fines terapéuticos o para mejorar el rendimiento de ciertas culturas[11]. Las empresas farmacéuticas multinacionales están al acecho, buscando capitalizar esta innovación. Que hoy el valor esté anclado en la vida implica a la vez que los efectos negativos de la acumulación se dejan sentir además en los procesos bioquímicos que la hacen posible.

Cosmocapitalismo

En el otro extremo de la escala, esta vez «macroscópico», la contaminación lumínica adquiere una dimensión cósmica. La oscuridad se ha vuelto un bien raro del que numerosos

---

[11] Véase Michael Spencer, «Rewriting the code of life», *The New Yorker*, 2 de enero de 2017. Véase asimismo Nikolas Rose, *The Politics of Life Itself. Biomedicine, Power and Subjectivity in the Twentieth-First Century*, Princeton, Princeton University Press, 2006.

71

seres humanos de diversas partes del mundo han sido privados progresivamente. Como en el relato de Isaac Asimov, la noche total, el cielo estrellado, desaparece como experiencia primordial. El avance de la iluminación artificial a lo largo del siglo XX ha sido implacable. Y continúa siéndolo. Cuando Gorz y Heller escribían, en los años sesenta, la crisis ambiental no había alcanzado la gravedad que tiene hoy y no alteraba hasta tal punto el «mundo vivido». De este modo, la biologización del capitalismo va acompañada de su *cosmologización*. En su obra *Común*, Pierre Dardot y Christian Laval introducen la expresión «cosmocapitalismo»:

> Estamos en la época del cosmocapitalismo en la que, mucho más allá de la esfera del trabajo, las instituciones y las actividades, los tiempos de la vida están sometidos a una lógica normativa general que los remodela y los reorienta según las metas y los ritmos de la acumulación del capital[12].

La noción de cosmocapitalismo remite a la idea de que el capitalismo somete a su lógica la totalidad de los distintos aspectos de la existencia, es decir, en última instancia, el mundo («cosmos») mismo. Sus efectos ya no están confinados a la esfera del trabajo, contaminan el universo. Es posible –aunque Dardot y Laval no lo dicen– que ese concepto esté inspirado en el siguiente pasaje del *Manifiesto comunista*:

> En virtud del rápido perfeccionamiento de los instrumentos de producción y el mejoramiento infinito de los medios de comunicación, la burguesía arrastra en la corriente de la civilización hasta las naciones más bárbaras. [...] Bajo pena de muerte, fuerza a todas las naciones a adoptar el modo burgués de producción; las obliga a introducir en su seno la pretendida civiliza-

---

12 Véase Pierre Dardot y Christian Laval, *Commun. Essai sur la révolution au XXIᵉ siècle*, París, La Découverte, 2014, p. 12 [ed. cast.: *Común. Ensayo sobre la revolución en el siglo XXI*, Barcelona, Gedisa, 2015].

ción, es decir, a hacerse burguesas. En una palabra, modela un mundo a su imagen[13].

Modelar un mundo a su propia imagen es la culminación de la dinámica del capitalismo. No obstante, Dardot y Laval dan un uso metafórico al término «cosmocapitalismo». En su acepción, el capitalismo no produce realmente un mundo nuevo sino que somete a la «lógica normativa» neoliberal el mundo tal como es. Ahora bien, el fenómeno de la contaminación lumínica muestra que el término «cosmocapitalismo» debe entenderse literalmente. Hoy la dinámica del capitalismo amenaza el cosmos mismo, así como la experiencia que tienen de él los seres humanos. Para convencerse de ello basta con hojear el *Atlas mundial de la luminosidad artificial nocturna*. Por medio de fotografías orbitales de cielos nocturnos saturados de luz, este atlas documenta la progresión del cosmocapitalismo. Lo hace *visible*.

MOVIMIENTOS DE DESALIENACIÓN

En el origen, la oscuridad y el cielo estrellado no eran bienes raros. Hasta no hace mucho tiempo, existían en abundancia. A decir verdad, la oscuridad ni siquiera es un «bien» en el sentido de una entidad que existiría en cantidades más o menos importantes en el mundo y que los individuos o clases sociales podrían dividirse o de la que podrían apropiarse. Su ontología es de otro orden. Es inmaterial y remite, más que a una presencia, a una ausencia: de visibilidad o, de modo más general, de estímulos[14]. Además, no suscita «rivalidad», en el

---

[13] Karl Marx y Friedrich Engels, *Manifeste du Parti communiste*, 1847, https://www.marxists.org/ [ed. cast.: *Manifiesto comunista. Edición bilingüe*, Madrid, Akal, 2017, p. 55].

[14] Sobre este punto, la oscuridad se aproxima a la sombra, analizada por Roberto Casati en *La Découverte de l'ombre. De Platon à Galilée*,

73

sentido de que si yo me beneficio de ella no impido que otros también la aprovechen. La «nocturnidad» es, en este sentido una experiencia o una condición antes que un bien.

Con todo, a causa de la contaminación lumínica, la oscuridad se ha transformado en un bien que hay que preservar. Más precisamente, se ha transformado en un bien raro que se vuelve cada vez más raro a medida que la iluminación artificial continúa avanzando. Este enrarecimiento ha dado lugar a la aparición de una nueva necesidad: la necesidad de oscuridad. Esta procede, no de una rareza original, sino del empobrecimiento paulatino de una experiencia, la experiencia de la oscuridad y de sus efectos en el organismo y en el «mundo vivido». Es una necesidad indisociablemente biológica y cualitativa.

El hecho de que afecte la vida, así como la experiencia del mundo que nos rodea, ha transformado la contaminación lumínica en aliciente de movilizaciones colectivas y hasta en objeto de luchas por la desalienación. Las dos dimensiones del problema, «microscópica» y «macroscópica», están presentes desde el comienzo en los argumentos esgrimidos por el movimiento a favor del «derecho a la oscuridad»: por un lado, la crítica de los perjuicios provocados por la luz artificial en la mecánica de lo vivo (biocapitalismo) y, por el otro, la crítica de la alteración de la relación con el mundo que mantienen los seres humanos (cosmocapitalismo). Los movimientos sociales a menudo se adelantan a los teóricos quienes deberían estar más atentos a lo que claman aquellos.

La primera paradoja de las necesidades radicales indicaba que, a medida que se desarrollaba, el capitalismo satisfacía una parte significativa de las necesidades materiales y hacía surgir nuevas necesidades cualitativas que, sin embargo, no podía satisfacer. Actualmente, es necesario completar ese esquema. Convertido en bio- y cosmocapitalismo, este sistema económico transforma paralelamente en bienes raros recur-

histoire d'une énigme que a fasciné les grands esprits de l'humanité, París, Albin Michel, 2003.

sos que poco antes abundaban o que no se ajustaban a las leyes de la rareza y la abundancia. Quienes sufren primero esta rareza artificial son las clases populares pues los efectos de la crisis ambiental se sienten de manera (muy) desigual según el grupo social al que pertenezca cada individuo[15]. Pero, en una u otra medida, afecta a todos. Esto da lugar a luchas nuevas que apuntan a proteger la vida y el mundo vivido de la intrusión del capital. Esas luchas adquieren la forma de reivindicaciones a favor de la satisfacción de necesidades inéditas que a menudo se expresan en el vocabulario de los «derechos», y en este caso concreto del «derecho a la oscuridad».

¿Qué decir de la segunda paradoja que sostenía que la riqueza creciente de la especie en materia de necesidades iba acompañada del deterioro de esa riqueza en el nivel de los individuos? En la actualidad, cuando el biocapitalismo y el cosmocapitalismo alteran ciertos fundamentos de la condición humana, el problema ya no es solamente, como en la época de Gorz y Heller, la «pobreza del individuo» comparada con la «riqueza de la especie» en materia de necesidades. El biocapitalismo y el cosmocapitalismo amenazan empobrecer la especie misma.

Con la profundización de la crisis ambiental, aparecen movimientos sociales que combaten esa tendencia. De su existencia depende la búsqueda de la diversificación de las necesidades o, por el contrario, su retraimiento. Luc Boltanski y Ève Chiapello afirman que cada etapa de la historia del capitalismo engendra sus propias formas de lucha[16]. El partido obrero de masas de los dos primeros tercios del siglo XX está indisociablemente ligado a la fábrica fordista y el movimiento antiglobalista de los años noventa a la empresa en redes posfordista. Si tal es el caso, el movimiento por el «derecho a la

---

[15] Véase Razmig Keucheyan, *La nature est un champ de bataille*, cit., cap. 1.

[16] Véase Luc Boltanski y Ève Chiapello, *Le Nouvel Esprit du capitalisme*, Gallimard, París, 1999 [ed. cast.: *El nuevo espíritu del capitalismo*, Madrid, Akal, 2002].

oscuridad» debe considerarse específico del biocapitalismo y el cosmocapitalismo. Es parte interesada de un conjunto de movilizaciones en favor de la desalienación.

LA ALIENACIÓN COMO PRIVACIÓN

Esta imbricación de las dimensiones biológica y cósmica del capitalismo contemporáneo desemboca en un nuevo enfoque de la alienación y, por ende, de la desalienación. La alienación no es un fenómeno ahistórico. Sus configuraciones mutan al mismo tiempo que el capitalismo, pero las nuevas formas de alienación no desalojan a las antiguas. Se agregan a ellas y las agravan. Así se combinan hoy situaciones que afectan al mismo tiempo la vida y el mundo vivido de modos a la vez «microscópicos» y «macroscópicos».

En este contexto, desalienación, significa: constituir lo que ha dañado el capitalismo en objeto de reivindicación política. Frecuentemente, esto supone invocar contra el presente un pasado en el que la alienación no había avanzado tanto. Ello no quiere decir, sin embargo, que los combates por la desalienación sean movimientos nostálgicos del pasado. Al erigir la desalienación como un nuevo derecho, los movimientos que la defienden redefinen el «sello de la especie», es decir, el conjunto de las necesidades cualitativas que debe satisfacer un ser humano para tener una buena vida. Ese sello evoluciona, no es el mismo en todas las épocas.

Ya hemos dicho que la alienación solo se comprende en relación con un estado de referencia del que es la negación, estado que el individuo aspira a alcanzar o a recuperar. Llamaremos a ese estado *vida no alienada*. Movimientos tales como el que mencionamos en defensa del derecho a la oscuridad hoy plantean la cuestión de las condiciones de posibilidad de una vida de ese género.

La *privación* es un componente de la alienación actual. Este concepto caracteriza de la mejor manera posible esta nueva etapa del capitalismo en que hemos entrado pues establece un vínculo entre alienación y crisis ambiental. Privación: no solo la simple carencia, es decir, la imposibilidad de satisfacer una necesidad (esencial o accesoria) sino la imposibilidad nueva de saciar una necesidad que antes sí podía satisfacerse. No es lo mismo, cuando hay privación, el recuerdo de la satisfacción pasada continúa atormentando a la persona a la manera de un espectro.

En la obra de Marx, y particularmente en los *Manuscritos de 1844*, la idea de que el capitalismo conduce a un creciente distanciamiento del hombre y la naturaleza está presente[17]. Según él, esta es una de las causas de la alienación. Sin embargo, en Marx no encontramos —ni tampoco en Gorz ni Heller— el concepto de privación que explicaría de qué manera una necesidad antes satisfecha pasa a acongojar el presente. Y cómo la carencia se convierte en una experiencia individual y colectiva.

Hay que hacer la distinción entre privación y lo que David Harvey llama «desposesión», más exactamente «acumulación por desposesión»[18]. Esta expresión designa los casos en los que un sector no capitalista de la sociedad pasa a transformarse, de manera más o menos brutal, en sector capitalista. Esto supone una «desposesión» de las poblaciones pues la lógica privada del mercado expulsa el modo de organización anterior, generalmente más «colectivo». La privatización de los

---

[17] Paradójicamente, esta distanciación se acrecienta precisamente cuando los recursos naturales se destinan cada vez más a producir mercancías. La paradoja es solo aparente: la instrumentalización de la naturaleza con fines económicos reduce su riqueza en valor de intercambio y así provoca ese distanciamiento. Véase Stephane Haber, «Le naturalisme accompli de l'homme»: travail aliéné et nature», en Emmanuel Renault (comp.), *Lire les «Manuscrits de 1844»*, París, Presses Universitaires de France, 2008.

[18] Véase David Harvey, *Le Nouvel Impérialisme*, París, Les Prairies ordinaires, 2010 [ed. cast.: *El nuevo imperialismo*, Madrid, Akal, 2004].

servicios públicos es un ejemplo. En ese caso, se abre al capital una esfera hasta ese momento protegida de la competición por el Estado: la escuela, la salud, la energía. La comunidad de los ciudadanos queda entonces «desposeída» en beneficio de empresas privadas.

La privación es otra cosa. El psicoanalista Donald Winnicott ha presentado esta noción *(deprivation)* para referirse a ciertos problemas del comportamiento infantil. En 1956, publicó un texto fascinante titulado «La tendencia antisocial», retomado en el volumen *Deprivación y delincuencia*[19]. Para Winnicott, la «tendencia antisocial» designa comportamientos como cometer robos o ejercer violencia contra el entorno. Se observa en sujetos de todas las edades, independientemente de que se consideren normales o patológicos. Los adolescentes se sienten particularmente inclinados a tener este tipo de actitud. Pues bien, la causa de la «tendencia antisocial» es la privación *(deprivation)*.

Cuando se da una situación de «verdadera privación», distinta de la simple «carencia»[20], el individuo experimenta la pérdida –real o imaginaria– de algo bueno, reconfortante como el afecto de la madre. De esa experiencia resultan acciones más o menos destructoras, pero Winnicott –y aquí estriba su originalidad– interpreta esta «tendencia antisocial» como una «manifestación de la esperanza». El individuo se comporta de ese modo porque no ha renunciado a recobrar lo que ha perdido, a satisfacer una necesidad que alguna vez estuvo satisfecha. Ese comportamiento no es expresión de una frustración ciega sino más bien de su voluntad de lograr que su ambiente –por ejemplo, familiar o escolar– tenga en cuenta su necesidad insatisfecha y que la remedie[21].

---

[19] Véase Donald W. Winnicott, *Déprivation et délinquance*, Payot, París, 1994 [ed. cast.: *Deprivación y delincuencia*, Buenos Aires, Paidós Ibérica, 1991].

[20] *Ibid.*, p. 150.

[21] Winnicott hace notar que: «Esto puede ser molesto para la sociedad y para ti si lo que ha robado es tu bicicleta, pero quienes no es-

De modo que el robo y la violencia tienen un carácter redentor. Winnicott es el gran teórico de los «objetos transicionales», mediante los cuales el niño «negocia» fronteras y un equilibrio con el medio que lo rodea (el «osito» es el objeto transicional por excelencia). El robo y la violencia ejercen a veces una función positiva del mismo tipo en el desarrollo personal de esa persona. La «tendencia antisocial» en ocasiones puede evitarle patologías más graves, como una psicosis que habría hecho abandonar toda esperanza. Otro gran psiquiatra de la misma generación, Frantz Fanon, teorizó, en *Los condenados de la tierra*, el carácter emancipador de la violencia anticolonial.

Si el ambiente reacciona inteligentemente, esos actos desembocan en lo que Winnicott llama la «autocuración»: a la larga, o bien la necesidad de la que se sintió privado vuelve a satisfacerse o bien emerge en el individuo una estructura de necesidades nueva, en fase con las evoluciones de su ambiente. Con la mayor frecuencia, la autocuración es el resultado de un cambio conjunto del ambiente y de la estructura de las necesidades del sujeto. La pérdida deja entonces de atormentarlo y de sobredeterminar sus comportamientos.

En Winnicott, la privación es individual. En el caso de la crisis ambiental, de las pérdidas que conlleva, se trata además de una pérdida colectiva. Esta crisis no designa solamente el cambio climático, la disminución de la biodiversidad, el enrarecimiento de los recursos naturales, la multiplicación de las contaminaciones; en suma, todo eso de lo que habla el Grupo Intergubernamental de Expertos sobre el Cambio Climático (GIEC) a lo largo de sus informes. También es una gigantesca experiencia de privación en la escala de la humanidad, la primera en su género. La noche como experiencia existencial está a punto de perderse. Sin embargo, viene a estremecer nuestro presente a través de las diversas patologías que engendra su pérdida y del movimiento por el «derecho a la os-

---

tén involucrados personalmente pueden percibir la esperanza detrás de la compulsión de robar», *ibid*, p. 149.

curidad» que milita por recobrarla[22]. La privación está en la diana de las luchas a favor de la desalienación.

Cobrar conciencia de esta privación colectiva permite agregar una nueva dimensión a la teoría crítica de las necesidades de Marx, Gorz y Heller. Por su novedad, la crisis ecológica obliga a buscar recursos teóricos en lugares insospechados –en este caso, en la psicología del niño– y a hibridarlos con corrientes que a priori no tienen relación con ellos. Marx y Winnicott aplicados a las destrucciones ambientales: materia para pensar largo rato.

FRENOS DE EMERGENCIA

Esta privación colectiva, ¿dará paso a «tendencias antisociales» como lo previó la teoría winnicottiana? Todo depende de la amplitud de las luchas por la desalienación. Desde hace tres décadas, la crisis ambiental es objeto de militarización. Los grandes ejércitos del planeta se preparan para las «guerras verdes» o las «guerras del clima»[23]. Los recursos que se vuelven cada vez más escasos, las migraciones climáticas engendradas por catástrofes naturales o el ascenso del nivel de los mares, las crisis sanitarias (pandemias, canículas) provocadas por el recalentamiento agravan la «inseguridad natural» que los militares se muestran muy interesados en «estabilizar». Ven la crisis climática como una batalla campal en la que la creciente escasez va a suscitar conflictos extremos.

A esta violencia que emana del sistema, hay que oponerle otra violencia que sea, como dice Winnicott, la «manifestación de una esperanza». Una violencia redentora que impida

---

[22] Jacques Derrida ha desarrollado una «fantología» (la ontología de los fantasmas que nos atormentan, los espectros, en el caso concreto, el de la «promesa comunista»), en *Spectres de Marx*, París, Galilée, 1993 [ed. cast.: *Espectros de Marx*, Madrid, Trotta, 2012].

[23] Véase Razmig Keucheyan, *La nature es un champ de bataille*, cit., cap. 3.

que ocurra lo peor. Sobre este punto, el enfoque del psicoanalista inglés se hace eco de una idea de Walter Benjamin expuesta en sus *Tesis sobre el concepto de historia*:

Marx ha dicho que las revoluciones son la locomotora de la historia mundial. Es posible que las cosas se presenten de otro modo. Es posible que las revoluciones sean el acto por el cual la humanidad que viaja en el tren utliza los frenos de emergencia[24].

Esa otra violencia no puede ser sino política: se trata de reestructurar los modos de vida para encarrilar a la humanidad por la vía de la «autocuración» ambiental.

La paradoja es que, si a la larga todo el mundo termina siendo víctima de la privación colectiva, tanto dominantes como dominados, solo estos últimos estarán en condiciones de evitar la catástrofe. A ellos les corresponde accionar los «frenos de emergencia» del tren capitalista. Y ello se debe a que la estructura de las necesidades de los dominantes no es universalizable. Si se difundiera a escala mundial, en el marco del (sub)desarrollo de los países del Sur y del surgimiento de elites globales con una impronta ecológica delirante[25], la perspectiva de un futuro catastrófico estaría aún más cercana. Los dominantes son los responsables de ese futuro, pero toca a los dominados conjurarlo. Nunca como en este momento fue más pertinente la hipótesis de Marx según la cual los intereses del proletariado –de las clases populares en general– coinciden con los de la humanidad en su conjunto[26].

---

[24] Véase Michael Löwy, «Walter Benjamin, précurseur de l'écosocialisme», *Cahiers d'histoire* 130 (2016).

[25] Véase Lucas Chancel y Thomas Piketty, «Carbon and inequality from Kyoto to Paris: trends in the global inequality of carbon emissions (1998-2013) and prospects for an equitable adaptation fund», Paris School of Economics, noviembre de 2015.

[26] Véase Stéphanie Roza, «Intérêt général, intérêt de classe, intérêt humain chez le jeune Marx», *Astérion. Philosophie, histoire des idées, pensée politique* 17 (2017).

Pero, ¿qué incentivos haría falta imaginar para hacer emerger una estructura de necesidades universalizable? ¿Qué estrategia global conduciría a la desalienación? Según Gorz, la sociedad capitalista tiene una divisa: «Lo que es bueno para todos no vale nada. Nadie es respetable si no está en "mejor" posición que los demás»[27]. Y plantea oponerle un lema ecologista: «Solo es digno de ti lo que es bueno para todos. Solo merece producirse aquello que no privilegia ni disminuye a nadie». Dicho de otra manera, solo es digna de ti una estructura de necesidades universalizable.

Redefinir así nuestras necesidades supone salir de la adicción consumista. Pero, ¿cómo curarse de ella?

---

[27] Véase André Gorz, «Leur écologie et la nôtre», *Le Monde diplomatique*, abril de 2010.

CAPÍTULO III

Adictos a la mercancía

LOS TRASTORNOS DEL CONSUMO COMPULSIVO

Los psicólogos que se interesan en casos de consumo patológico están divididos en dos corrientes[1]: o bien estiman que el consumo compulsivo es una enfermedad especial, un caso aparte, que debe distinguirse netamente de las formas de consumo –consideradas– normales, o bien juzgan que los consumidores se sitúan en un continuo y la compra compulsiva designa una forma de comportamiento en la que cualquiera puede caer ocasionalmente con gravedad variable. En el segundo caso, la distinción entre lo normal y lo patológico es gradual y se sitúa en diferentes niveles según el país y la clase social de que se trate.

La bibliografía dedicada al consumo compulsivo es sumamente abundante, sobre todo en Estados Unidos donde el fenómeno es corriente. Algunas obras tienen títulos muy evocadores: *Born to Spend. How to Overcome Compulsive Spending [Nacido para gastar. Cómo curar el gasto compulsivo]; Consuming Passions. Help for Compulsive Shoppers [Pasiones que nos consumen. Ayuda para compradores compulsivos]; Women Who Shop Too Much. Overcoming the Urge to Splurge [Mujeres que compran demasiado. Cómo superar las ganas de despilfarrar]*. Una parte de estos volúmenes corresponden al género de la autoayuda, es

---

[1] Véase Helga Ditimar, «Understanding and diagnosing compulsive buying», en Robert Holman Coombs (comp.), *Handbook of Addictive Disorders. A Practical Guide to Diagnosis and Treatment*, Londres, Wiley, 2004, p. 428.

decir, ofrecen a la vez un análisis –más o menos riguroso– del fenómeno y un método para curarlo. Pero el consumo compulsivo también ha sido objeto de un importante cuerpo de investigaciones científicas. El consumo está sustentado por instituciones económicas, jurídicas y técnicas. Cuando el consumo se vuelve «compulsivo» con frecuencia se debe a que uno u otra de esas instituciones alienta el exceso. Es el caso del crédito, sobre todo en los países anglosajones. En Estados Unidos, la cantidad promedio de tarjetas de crédito por hogar ya superaba la unidad en 1989 y era más de una tarjeta y media en 1998[2]. En Gran Bretaña, esa media se alcanzó en 1992 y 2002 respectivamente. En esos países, que una misma persona posea varias tarjetas de crédito es algo habitual, allí las tarjetas no son solamente un medio de pago, también permiten tener un crédito instantáneo al consumo casi sin ningún control. Esta facilitación del crédito participa de la «financiarización de la vida cotidiana»[3]. En Francia, una pareja de cada veinte declara tener problemas de endeudamiento[4]. Esa cifra se disparó a partir de la crisis de 2007-2008 cuando el sobreendeudamiento comenzó a afectar a sectores de las clases medias hasta entonces a cubierto.

La calificación de estos problemas es controvertida, hasta tal punto que ha llevado a incluirlos y excluirlos periódicamente del *Manual diagnóstico y estadístico de los trastornos mentales*, el famoso DSM, la «Biblia» de la psiquiatría estadounidense[5]. Estos trastornos fueron diagnosticados por primera vez en la década de 1910, en la Belle Époque, por el psiquiatra suizo Eugen Bleuler, quien, por lo demás, fue el «inventor de la esquizofrenia». Según él, el consumidor compulsivo no es

---

[2] *Ibíd.*, p. 416.
[3] Véase Randy Martin, *Financialization of Daily Life*, cit.
[4] Véase *Le Monde*, 19 de junio de 2017.
[5] Véase Steeves Demazeux, *Qu'est-ce que le DSM? Genèse et trasformacions de la bible américaine de la psychiatrie*, París, Ithaque, 2013.

esquizofrénico sino que padece un trastorno de personalidades múltiples, en conflicto entre sí. La oniomanía, es decir, la manía de comprar, aparece en la última versión del DSM (2013, el «DSM-5») entre los «trastornos del control de los impulsos», en compañía de la cleptomanía, la piromanía y la ludopatía. Con frecuencia se establece una proximidad de esta manía con los trastornos obsesivos compulsivos (TOC) y los trastornos de la personalidad.

Las personas afectadas presentan tasas elevadas de «comorbilidad», es decir, presentan además otros síntomas como adicciones, trastornos alimentarios o problemas del estado anímico[6]. Suele ocurrir que la cura de uno de ellos provoque la reaparición o el recrudecimiento de otro. Los trastornos de la compra compulsiva están presentes asimismo en la «clasificación internacional de las enfermedades» de la Organización Mundial de la Salud (OMS). Hoy están reconocidos en el derecho francés[7]. Basándose en un peritaje psiquiátrico, una persona puede alegarlos como atenuantes ante un tribunal en el marco de un litigio comercial, por ejemplo. Una tienda puede estar obligada a aceptar la devolución de un producto comprado compulsivamente por una persona declarada no responsable.

Se estima que entre el 1 y el 8 por 100 de la población mundial sufre de oniomanía[8]. El rango es amplio y la estimación depende de la definición del trastorno en cada país. No es en absoluto sorprendente que esa cifra pueda rondar el 10 por 100 en nuestras sociedades de consumo. Con el auge del e-commerce se corre el riesgo de que aumente aún más. Internet permite consumir las veinticuatro horas del día, sin salir de casa y hasta sin moverse del asiento. Una vez que un sitio como Amazon cuenta con nuestra información bancaria facilitada

---

[6] Véase Alain Dervaux, «Les achats compulsifs», *Perspectives Psy* 47/1 (2008), p. 24.

[7] Véase Cour de Cassation, «La vulnérabilité de la victime», section 1.1.1, https://www.courdecassation.fr/.

[8] Véase Alain Dervaux, «Les achat compulsifs», cit., pp. 22-23.

durante nuestra primera visita, ya tenemos la oportunidad de comprar con un solo clic. Pagar con tarjeta en lugar de hacerlo en efectivo hace que el gasto sea abstracto. Con el *e-commerce*, hasta la tarjeta misma ha desaparecido. Los sociólogos debaten hoy sobre los hábitos de consumo que generan estas plataformas numéricas[9]. Aún se esperan estudios concluyentes, pero es poco probable que el apogeo de las plataformas de venta en línea haga retroceder los trastornos del consumo.

Los trastornos del consumo compulsivo afectan principalmente a las mujeres, que, según las encuestas, representan entre el 80 y el 90 por 100 de los casos[10]. Por lo tanto, esta patología tiene un género. Según los roles tradicionales que han marcado los estereotipos y las identidades de género, el hombre trabaja por un salario mientras que la mujer se ocupa del hogar y hace la compra. Salir de *shopping* con amigas es parte integrante de la sociabilidad femenina del siglo XX y lo fue sobre todo durante los treinta gloriosos años de apogeo del capitalismo. Desde el punto de vista de la construcción cultural de los roles masculino y femenino, se supone que el hombre da prueba de mesura en los gastos. Se considera que la mujer, en cambio, es más desenfadada[11], aun cuando esos roles no sean los mismos en las diferentes clases sociales. Por ejemplo, en el siglo XIX, en el seno de la clase obrera, a menudo era la mujer quien ajustaba el cordón de la bolsa[12].

Los trastornos del consumo compulsivo se manifiestan a través de varios síntomas. Primero, el deseo de comprar es irresistible. El individuo experimenta una pérdida total de control. Una vez pasada la crisis, con frecuencia está dispuesto a reconocer que su comportamiento fue irracional. Pero el

---

[9] Véase Frédéric de Coninck, «L'achat en ligne, un nouveau rapport à l'espace de la consommation», *Sociologies pratiques* 20/1 (2010).

[10] Véase Alain Dervaux, «Les achats compulsifs», cit., pp. 22-23.

[11] Sobre la relación entre género y dinero, véase Gilles Lazuech, *L'Argent du quotidien*, Rennes, PUR, 2012, cap. 1.

[12] Véase Olivier Schwartz, *Le Monde privé des ouvriers. Hommes et femmes du Nord*, París, Presses Universitaires de France, 1990.

impulso de comprar era más fuerte que él. Estos trastornos han sido comparados con la adicción a una droga o al alcohol. El objeto consumido suspende todo juicio. A diferencia de los psicotrópicos, la mercancía no influye en la fisiología por las sustancia químicas que contiene. El impacto que ejerce sobre el individuo es de otra índole, es «simbólico», aun cuando pueda ponerlo en un estado de alucinación comparable. Además, en el caso del consumo no existe ningún método equivalente de «desintoxicación»: para curar el alcoholismo, uno puede renunciar al alcohol pero en las sociedades capitalistas no es posible sobrevivir sin dinero. El consumo compulsivo se define por el exceso en los gastos. Y puesto que el exceso es relativo al nivel de ingresos, una persona de salario modesto será pues más susceptible de sufrirlo. Si bien el consumo compulsivo se observa en todas las clases sociales[13], sus efectos son más problemáticos en el seno de las categorías populares. El exceso de financiación tiene consecuencias negativas, a veces desastrosas, en la vida cotidiana de los individuos. El endeudamiento es una de ellas pero también lo son los problemas conyugales o familiares.

Se ha observado que el consumo compulsivo suele estar asociado al déficit de atención y a trastornos psicológicos más generales. El individuo siente que toda su existencia está «colonizada» por la necesidad de consumir y esa sensación le impide realizar sus actividades normales. En las declaraciones de pacientes afectados por este trastorno se repite a menudo la idea de una fuerza extraña que impulsa a la persona a consumir a pesar de la resistencia que intenta oponerle[14]. El paciente lucha contra esa fuerza, vive un conflicto interno, pero la necesidad de comprar termina ganando la partida. El consumo compulsivo es la experiencia vivida subjetivamente del fetichismo de la mercancía en sí.

---

[13] Véase Helga Dittmar, «Understanding and diagnosing compulsive buying», cit., p. 418.
[14] *Ibid.*, p. 424.

Existe una variedad de compradores compulsivos. Algunos prefieren las mercancías costosas, otros los productos baratos. Frecuentemente son vestidos, joyas y cosméticos, es decir, objetos vinculados con la apariencia. No es frecuente que la compra compulsiva corresponda a unos neumáticos nuevos para el coche o a un cepillo de dientes. Esto nos da una pista de una de las causas de estos trastornos: están asociados a la identidad social, a la percepción que tienen de uno los demás. Lo que se consume no es tanto la mercancía misma como las características simbólicas que encierra. Pierre Bourdieu lo ha ilustrado abundantemente en *La distinción*[15].

Sin embargo, el consumo compulsivo no siempre tiene un carácter ostentoso. No es raro que el consumidor compulsivo sienta remordimiento y culpa; que oculte sus compras en el fondo del ropero y nunca más las saque de allí. Y por definición, uno no puede distinguirse por sus bienes si nadie los ve. Para comprender tales casos, no alcanza pues con el enfoque de Bourdieu. Es necesario contar con una teoría de la mercancía y de sus efectos sobre las necesidades, sobre el «yo profundo». A veces, en el origen de este comportamiento hay una voluntad de ocultar la compra ante la pareja o el entorno. El proceso o el acto de la compra, más que el goce del objeto mismo, es lo que satisface la necesidad de comprar.

Algunas encuestas sugieren que hay un aumento del consumo compulsivo tras las crisis económicas o las guerras. La privación que se sufre durante la crisis da lugar a un desenfreno de consumo una vez que el mal momento ha pasado. En este sentido, las tres décadas de la edad de oro del capitalismo que siguieron al fin de la Segunda Guerra Mundial probablemente constituyan un gigantesco episodio de consumo compulsivo colectivo.

---

[15] Véase Pierre Bourdieu, *La Distinction. Critique sociale du jugement*, París, Minuit, 1979 [ed. cast.: *La distinción. Criterio y bases sociales del gusto*, Barcelona, Taurus, 2012].

Las recomendaciones terapéuticas mezclan varios registros que oscilan entre los aspectos psicofisiológicos, los financieros y los sociales[16]. A veces se aplican terapias basadas en el suministro de psicotrópicos, principalmente antidepresivos. La fluvoxamina y el citalopram son algunos de los fármacos que aparecen en la bibliografía psiquiátrica sobre este tema. La compra compulsiva interrumpe una necesidad irreprimible de comprar, a la que sigue un sentimiento de «falta». Este sentimiento aparece acompañado de un episodio depresivo con connotaciones de culpabilidad que solo puede calmarse con una nueva compra y así sucesivamente. Los antidepresivos permiten «romper» ese círculo. A la inversa, ciertos estudios consideraran que el consumo compulsivo es una forma de automedicación a la que recurren las personas depresivas, declaradas o no como tales. En ese caso, la fase depresiva precede a la compra en lugar de sucederla y la mercancía se convierte entonces en un propulsor que levanta la moral, un antidepresivo no medicamentoso, como el chocolate.

El consumo compulsivo tiene un rico sustrato emocional. Las emociones que activa son a la vez e indisociablemente positivas y negativas: cólera, alegría, culpabilidad, frustración, diversión, euforia... Algunos pacientes comparan los momentos que preceden a la compra con la excitación sexual. La dimensión fantasmática del consumo compulsivo es evidente. La mercancía nos permite sentirnos diferentes, cultivar las posibilidades, aproximarse, en el momento de la compra a un yo idealizado. Es la puerta de entrada a un mundo posible. La compra compulsiva de zapatillas de deportes, para tomar un caso frecuente, permite «proyectarse» como una estrella de fútbol o del baloncesto.

Para ciertos psiquiatras, la compra compulsiva es el resultado de trastornos de la identidad que pueden remontarse a

---

[16] Véase Donald W. Black, «A review of compulsive buying disorder», cit., p. 16-17.

la infancia y que la mercancía resuelve artificialmente. Para otros, es consecuencia de trastornos narcisistas: la persona siente que por fin existe a través del objeto que adquiere. Otros sugieren que lo que explica este comportamiento es la soledad o la búsqueda de afecto. La compra, en este último caso, es un medio de interactuar con otros (el vendedor, por ejemplo) cuando la persona sufre de alguna patología de la interacción social. *I Shop, Therefore I Am* («Compro, luego existo») es el título de una obra referente a estos trastornos[17]. Los tratamientos con fármacos dan pocos resultados concluyentes en el largo plazo. Lo más que consiguen son periodos de remisión de seis meses a un año, seguidos de recaídas.

Un segundo tipo de terapia consiste en intervenir en las finanzas del paciente. Sugerirle que entregue sus tarjetas bancarias y su chequera es un primer paso. El segundo, pedirle que nombre un tutor financiero que controle los gastos y eventualmente organice un «plan de gastos» razonable. «*Budgets are sexy*», como dice un ocurrente eslogan utilizado por un psiquiatra durante las terapias. Pero no por ello desaparece la necesidad de consumir. Sencillamente, se priva al paciente de los medios de satisfacerla. Evocando el momento en que tuvo que deshacerse de una de sus tarjetas de crédito cortándola con unas tijeras, un paciente declara que ese gesto fue como amputarse un brazo[18].

Un tercer conjunto de terapias es de naturaleza social. Ciertos psiquiatras alientan a sus pacientes a hacer las compras acompañados de un amigo que no sufra el mismo trastorno de consumo. Al sentirse observados, estarán menos inclinados a dar libre curso a sus pulsiones. Y esa vigilancia los incitará además a aprender a controlar sus emociones en pre-

---

[17] Véase April Lane Benson (comp.), *I Shop, Therefore I Am. Compulsive Buying and the Search for Self*, Lanham, Jason Aronson Publishers, 2000.

[18] Véase Helga Dittmar, «Understanding and diagnosing compulsive buying», cit., p. 425.

sencia de las mercancías. En nuestras sociedades capitalistas, no es posible escapar a esa presencia salvo que uno se aísle en la cima de una montaña o en el desierto. Por ello es necesario que los pacientes consigan dominarse.

Que el paciente lleve un «diario de compras» *(shopping diary)* es otra de las ideas sugeridas por los psiquiatras. Este diario le permite, primero, establecer una lista de los gastos y tomar conciencia de la inutilidad de muchos de ellos. Y sobre todo le da la posibilidad de «objetivar» su relación con la mercancía, de estar atento a sus reacciones antes, durante y después de la compra. Como todo diario íntimo, el diario del consumo da prioridad a las emociones de su autor.

Algunos psiquiatras afirman que el consumidor compulsivo sufre de «alexitimia»[19], es decir, una dificultad para identificar y expresar sus emociones tanto ante los demás como ante sí mismo. Estoy eufórico o encolerizado sin saber que lo estoy y sin ser capaz de verbalizar mis afectos. Los autistas sufren de una variedad grave de esta dolencia. Y hasta cierto punto es también el caso de los compradores compulsivos. El diario de compras permite «trabajar» en las propias emociones, calificarlas y expresarlas. Narrar un trastorno es una manera de ir tomando el control. El diario del consumo cuenta la historia de la enfermedad y al hacerlo se interroga sobre sus causas y sus efectos. Así como existe Alcohólicos anónimos, encontramos también «Deudores anónimos» *(Debtors Anonymous)*, es decir, personas que se encuentran en una situación financiera comprometida como consecuencia del trastorno de compra compulsiva que los aqueja. Alcohólicos anónimos tiene una larga historia. Creada en Estados Unidos en 1935, en el contexto de la Gran Depresión, esta terapia colectiva tiene acentos religiosos, puesto que se basa en una forma de confe-

---

[19] Del griego *lexis*, palabra y *thymos*, humor o emoción, precedida del a- privativo. Véase April Lane Benson y Marie Genhgler, «Treating compulsive buying», en Robert Holman Coombs (comp.), *Handbook of Addictive Disorders*, cit., p. 460.

sión. Las reuniones de Alcohólicos anónimos comienzan con una «plegaria de la serenidad»:

Dios concédenos la serenidad para aceptar todo lo que no podemos cambiar, valor para cambiar lo que podemos y la sabiduría para reconocer la diferencia.

La definición precisa de «Dios» se deja librada a la apreciación de cada uno. Los alcohólicos anónimos ateos verán en la palabra GOD, un acrónimo de «*Good Orderly Direction*», el «buen camino» por el cual se encauza el alcohólico una vez que ha admitido su alcoholismo. Esta fórmula tiene fuentes estoicas, de modo que no es forzosamente cristiana, ni siquiera religiosa. Una vez recitada la oración, cada participante dice su nombre y reconoce que es un alcohólico. Las reuniones consisten en deliberaciones colectivas en grupos reducidos de aproximadamente unas quince personas. Cada uno cuenta los tormentos que padece por causa de su alcoholismo. La «curación» se alcanza tras dar doce pasos rigurosamente codificados. Si lo desean, los participantes pueden conservar el anonimato. Alcohólicos anónimos es una organización masiva; en 2014, comprendía 115.000 grupos de charlas y más de 2 millones de miembros en todo el mundo[20].

Obreros contra el alcoholismo

El movimiento obrero se había enfrentado con el problema del alcoholismo mucho antes de los años treinta. Desde finales del siglo XIX, los socialistas debatían ya sobre las maneras de tratar el alcoholismo en sus filas[21].

---

[20] Véanse los datos disponibles en el sitio de Alcohólicos anónimos: www.aa.org/assets/en_US/m-24_aafactfile.pdf.
[21] Véase Patricia E. Prestwich, «French workers and the temperance movement», *International Review of Social History* 25/1 (1981).

La novela *La taberna* de Émile Zola ofrece en 1877 una representación trágica de este mal. A mediados del siglo XIX habían aparecido algunas ligas de temperancia, movimientos de connotación religiosa, compuestos al principio por gentes de clase media que manifestaba un claro paternalismo respecto de los proletarios. En aquella época estaba bastante difundida la idea de que la Comuna de París de 1871 era una desafortunada conmoción provocada por el consumo excesivo de alcohol de los obreros parisinos.

Aquel paternalismo hizo que las organizaciones obreras desconfiaran de las ligas de temperancia y relegaran el problema del alcoholismo a un segundo plano de sus preocupaciones. «Bebedor de agua» es una injuria popular que da testimonio de la creencia en las bondades del vino –por oposición a los alcoholes industriales, los vinos destilados en casa– para conservar la salud. La provisión de agua potable en las ciudades no era lo que es hoy y beber agua podía ser peligroso, sobre todo por la transmisión de la fiebre tifoidea. Las clases superiores tenían los medios de evitarla pero las demás no. En la corriente guesdista, por ejemplo, el combate contra el alcoholismo se consideraba una diversión en comparación con la lucha de clases. Siendo el capitalismo la causa de la desesperación del obrero, el problema del alcoholismo se resolvería por sí solo una vez que sobreviniera la revolución.

Progresivamente, algunas corrientes del socialismo tomaron conciencia de la gravedad del problema. Y así es como en 1909 se funda en Francia la Federación de los obreros antialcohólicos, una organización de temperancia específicamente obrera que ya tenía sus equivalentes en otros países. Este movimiento presenta el alcoholismo como una forma de alienación, que aparta al obrero de su rol revolucionario. Combatirlo es una manera de permitirle desempeñar plenamente ese papel. El obrero alcohólico no es fiable en la lucha. Además, su necesidad irreprimible de beber lo conduce a aceptar cualquier convenio con el patrón.

La Federación de obreros antialcohólicos se propone pues luchar contra el «enemigo interior» que es la adicción al alcohol[22]. Con el alcoholismo, el capitalismo se ha instalado en el corazón y el espíritu del obrero y lo ha desarmado. El enfoque dista mucho de los métodos «psicologizantes» que aparecerán en los años treinta con Alcohólicos anónimos. El psicoanálisis no ha emergido aún y todavía no se ha codificado la manera de expresarse de la interioridad moderna. Mediante propaganda, la Federación procura convencer a los proletarios de los perjuicios del alcohol y de que la única solución consiste en dejar de frecuentar los cabarets y retomar el camino del sindicato. Algunas décadas después, en uno de los textos más sutiles escritos tras la revolución rusa, *Problemas de la vida cotidiana* (1923) Troski dirá:

> La eliminación del alcoholismo viene a agregarse al inventario de las conquistas de la revolución. Desarrollar, reforzar, organizar, llevar a buen término una política antialcohólica en el país del trabajo renaciente; he ahí nuestra tarea. Y nuestros éxitos económicos y culturales aumentarán en relación directa con la disminución del número de «grados». En esto no se puede hacer ninguna concesión[23].

Filosofía de la sencillez

Las terapias colectivas del estilo de Alcohólicos anónimos se difundieron a lo largo del siglo XX y se adaptaron a otras patologías[24]. El consumo compulsivo es una de ellas. En la

---

[22] *Ibid.*, p. 52.

[23] Este texto está disponible en https://www.marxists.org/francais/trotsky/livres/qmv/qmvindex.html [ed. cast.: https://www.marxists.org/espanol/trotsky/eis/problemas-vida-cotidiana-2edicion-Trotsky-1923.pdf].

[24] Véase Amnon Jacob Suissa, «Philosophie des 12 étapes des Alcooliques anonymes en Amérique du Nord: aspects critiques et psychosociaux», *Psychotropes* 17/3-4 (2011).

década de los setenta también se fundó en Estados Unidos Deudores anónimos y desde 1989 existe una rama francesa con grupos en todos el territorio[25]. Siguiendo la línea de Alcohólicos anónimos, estos grupos reúnen a personas con dificultades financieras provocadas por trastornos de consumo que relatan su experiencia y escuchan las de los demás. La «cura» también consta de doce etapas: la primera consiste en que el nuevo miembro admita ante el grupo que es un consumidor compulsivo. La segunda es una promesa de abstinencia.

En el caso del consumo compulsivo, como ya dijimos, la abstinencia total es imposible. No existe nada equivalente a la «desintoxicación». El objetivo que se intenta alcanzar es la solvencia, es decir, no contraer nuevas deudas y saldar las anteriores. En Estados Unidos los tribunales pueden exigirle a una persona condenada por deudas impagas que participe de las reuniones de Deudores anónimos. Aunque con dimensiones mucho más pequeñas de las de Alcohólicos anónimos, esta organización tiene oficialmente censados quinientos grupos en quince países[26].

Las reuniones de Deudores Anónimos tienen tres objetivos[27]. El primero es romper el aislamiento del individuo frente a su mal. Durante esas reuniones, cada participante evoca sus sinsabores y percibe que no es el único que sufre. Romper el aislamiento permite identificar las causas sociales del consumo compulsivo: si no soy el único que lo padece, no soy el único responsable. Hay algo en el funcionamiento del mundo social que provoca que otros sufran el mismo trastorno. El carácter no normativo de las discusiones es determinante: se invita a los participantes a evitar todo juicio negativo. Como diría Max Weber, las reuniones son «axiológicamente neu-

---

[25] Véase el sitio: http://debiteursanonymes.org/.

[26] Véanse los datos disponibles en: http://debtorsanonymous.org/about-da/history/.

[27] Véase April Lane Benson y Marie Gengler, «Treating compulsive buying», en Robert Holman Coombs (comp.), *Handbook of Addictive Disorders*, cit., p. 467.

tras» y esto permite que cada uno elabore su propio proceso en un marco de total confianza.

Como el diario de compras, estas reuniones permiten, en segundo lugar, «objetivar» la relación que cada uno mantiene con la mercancía. Se trata, por una parte, de desarrollar progresivamente una comprensión de la propia patología y, por la otra, de interrogarse acerca de las razones que, en el pasado, incitaron al comprador compulsivo a consumir de esa manera. Por ejemplo, un contexto familiar en el que los padres recompensaban los comportamientos virtuosos del niño con regalos más que con expresiones de afecto parece favorecer estos trastornos. Además de su participación en las reuniones, a cada paciente que se incorpora al grupo se le asigna un «padrino» (*sponsor* o *buddy* según el caso): un miembro del grupo más experimentado, encargado a la vez de aconsejarle y de ayudarle a evitar las recaídas.

En tercer lugar, las reuniones de Deudores anónimos ofrecen al individuo la posibilidad de recuperar su dignidad al recobrar el control de sus actos y sus gestos. Se trata de neutralizar el carácter irreprimible del consumo fortaleciendo a la persona en su relación con la mercancía. En esta etapa de reconstrucción, cada participante va contando los días que ha podido resistir a la tentación de la compra compulsiva y anuncia ese triunfo al comienzo de las reuniones, de la misma manera en que los alcohólicos anónimos cuentan los días de sobriedad. Recobrar la dignidad frente a la mercancía supone pues la inmersión en un colectivo.

Siguiendo una línea semejante, existen «círculos de la sencillez» (*simplicity circles*)[28]. Ciertos psiquiatras recomiendan a los consumidores compulsivos participar de grupos de autoayuda aunque estos no traten específicamente el problema del consumo. Sus participantes manifiestan la voluntad más amplia de romper con el carácter «inauténtico» del modo de vida moderno, una de cuyas dimensiones, sostienen, es el consu-

---

[28] *Ibid.*, pp. 486-487.

mismo. Suponen que la obsesión por la mercancía es consecuencia de una integración social insuficiente o disfuncional que priva a la existencia de su «verdadero» sentido. Sería además consecuencia de una ruptura con la naturaleza. Al formar parte de un «círculo de la sencillez», la persona recupera interacciones sociales y naturales «significativas». Y al hacerlo, recobra el reconocimiento social cuya ausencia trataba de compensar con la mercancía. Como en el caso de los Deudores anónimos, los círculos de la sencillez se reúnen semanalmente. En esas reuniones reina una forma de igualitarismo puesto que, en principio, no hay un líder, solamente personas más experimentadas en la gestión del colectivo. Todos pueden hablar en igualdad de condiciones, sin ser juzgados por los demás. En la tradición intelectual norteamericana, existe una «filosofía de la sencillez o de la simplicidad» derivada de la corriente «trascendentalista» representada fundamentalmente por Henry David Thoreau quien, en *Walden o la vida en los bosques* (1854), dice:

Nuestra vida se desperdicia en detalles. […]. ¡Sencillez, sencillez, sencillez!, digo; que vuestros asuntos sean dos o tres en vez de un centenar o un millar; en lugar de un millón contad hasta media docena, que os baste la uña del pulgar para llevar las cuentas. En medio de este turbulento mar de la vida civilizada, tales son las nubes, galernas, arenas movedizas y mil y una cosas con que hay que contar, que para no naufragar, irse a pique o perder puerto, el hombre ha de navegar por estima; y no son pocas las dotes de buen calculador que exige una feliz arribada.

¡Simplificad, simplificad! En lugar de tres comidas por día, si es necesario, no toméis más que una; en lugar de cien platos, cinco; y reducid el resto en proporción[29].

---

[29] Véase Henry David Thoreau, *Walden, ou la vie dans les bois*, París, Gallimard, 1990, pp. 90-91 [ed. cast.: *Walden o la vida en los bosques*, Buenos Aires, Editorial Losada, 2016]. Los orígenes de esta filosofía son antiguos, se remontan por lo menos a la época moderna, a Rousseau.

Esta filosofía de la sencillez o la simplicidad se basa en una crítica de la alienación entendida como el fruto envenenado de la creciente complejidad de la vida moderna. A diferencia del marxismo, el de Gorz, por ejemplo, que como vimos opone la «norma de lo suficiente» a la del «siempre más», esta filosofía no considera que el capitalismo sea el responsable de la alienación y culpa a la modernidad en general. Postula que para escapar de la alienación es necesario restaurar un vínculo auténtico con la naturaleza, pues esta es «simple», dicho de otro modo, que todo en ella está en su lugar y no hay nada en exceso. Recobrar la relación con la naturaleza es pues una manera de liberarse de esa complejidad.

COLECTIVOS A ESCALA HUMANA

Por supuesto, uno puede tomar a broma estos confesionarios posmodernos. La literatura, el cine y las series de televisión estadounidenses no se privan de hacerlo. Recordemos, por ejemplo, las peripecias de Christopher Moltisanti, el sobrino de Tony Soprano, en su grupo de Alcohólicos anónimos, en la temporada 6 de *Los Soprano*. La serie *Big Love* difundida por HBO, por su parte, pone en escena un personaje femenino mormón, Nicki, que, estando alejada de su comunidad, desarrolla una forma de *home shopping addiction*, es decir, de consumo compulsivo en línea. El guion sugiere que esa adicción compensa el debilitamiento de su fe religiosa y la lleva a ofrecerse enteramente a la divinidad mercancía.

Sin embargo, estos colectivos contienen una lección esencial para quien se interese en la cuestión de las necesidades. Solo la interacción con otros puede hacer que una persona tome conciencia de lo que necesita, de lo que *realmente* necesita y, en consecuencia, de lo que es superfluo. Librado a sí mismo, el individuo tiene pocas oportunidades de encontrar la fuerza de sustraerse al imperio de la mercancía, es decir, al dominio de las seudonecesidades que la misma mercancía ha engendrado. Para que el conflicto interno se resuelva a favor de la persona, se requiere la participación de lo social. Distinguir las necesidades auténticas de las necesidades superfluas supone, por lo tanto, que el individuo salga de su conversación a solas con la mercancía.

Sin embargo, esos colectivos no imponen nada a los participantes. No hay «expertos», médicos o tutores financieros, por ejemplo, que se hagan cargo de sus comportamientos. Los profesionales intervienen a veces para tratar el consumo compulsivo pero en el marco de otros tipos de terapias. En cambio, en Deudores anónimos o en los círculos de la sencillez no hay «expertos». La participación en las reuniones es libre y cada miembro puede abandonar el lugar cuando lo desee. La única regla que debe cumplir el consumidor compulsivo es reconocer su problema y querer curarse. El resto pasa por la interacción con los demás. Y en ese marco es donde emerge progresivamente una estructura de las necesidades sostenible para la persona.

Ninguna cuestión, ninguna necesidad, queda excluida a priori de la discusión. Cuando un participante llega a considerar que alguna de sus necesidades es superflua, lo hace por sí mismo y aporta su toma de conciencia a las discusiones que mantiene con los demás deudores anónimos. Cuando entra a la sala de reunión, nadie le presenta una lista ya confeccionada de las necesidades artificiales. En suma, en el seno de estos colectivos, la (re)definición de las necesidades es dialógica y no ontológica.

Que esos colectivos sean de un tamaño reducido tiene su importancia pues, como vimos, se sitúan lo más cerca posible del individuo y de su subjetividad. De su dimensión dependen dos condiciones de la curación. La primera es la confianza entre los participantes. Al comienzo, no se conocen, proceden de barrios diferentes de una ciudad y pertenecen a cualquier género, clase o raza. No se da allí ninguna dinámica de grupo fundada en vínculos preexistentes. Sin embargo, la confianza es un ingrediente necesario para el trabajo que haga cada uno sobre sus propias necesidades y las de los otros. Es el precio para conseguir la suspensión del juicio, la neutralidad axiológica. Ahora bien, esta se logra más fácilmente en colectivos de tamaño limitado. La dimensión de estos grupos ayuda además a que reine el igualitarismo. La deliberación sería menos fluida si los miembros fueran más numerosos. Los participantes con mayor facilidad de palabra serían los primeros en hablar y habría que designar personas encargadas de la coordinación. Un argumento corriente en la economía política y la sociología clásicas sostiene que la división del trabajo es función del número. Para Émile Durkheim, por ejemplo, es una consecuencia del aumento del volumen y de la «densidad moral» de la sociedad, esto es, del crecimiento demográfico. Cuanto más aumenta el número de personas en un colectivo, tanto más se hace sentir la necesidad de dividir el trabajo.

La pequeña dimensión del grupo evita, al menos en parte, esos problemas. Por lo demás, nada ha impedido que, con el tiempo, los colectivos de Deudores anónimos formaran redes, incluso redes internacionales de las que participan cientos de miles de personas. La unidad de base es pequeña, pero la organización misma puede ser vasta. Anclada en la experiencia y la subjetividad pero capaz de ir sumando un gran número de individuos: esta es la articulación en que debe situarse la definición de las necesidades.

CAPÍTULO IV

Cambiar las cosas

EL SISTEMA DE LOS OBJETOS

Una necesidad corresponde a un objeto que, por sus propiedades (reales o fantasmáticas), la satisface o la azuza. Ahora bien, hasta el momento no nos hemos referido a los objetos mismos. He hablado esencialmente de sujetos, individuales y colectivos. Un defecto –mayor– de la teoría crítica de las necesidades de Gorz y Heller es que nunca habla de las cosas, nunca toma partido por los objetos. Las dos paradojas de las necesidades radicales –que el capitalismo suscita necesidades que no satisface y que, en materia de necesidades, la riqueza de la especie está acompañada de la pobreza del individuo– no hacen ninguna mención a los objetos y el dato es curioso para una tradición, el marxismo, que se considera materialista. Los materialistas deberían interesarse un poco más por las cosas.

Si el productivismo y el consumismo, si la aceleración constante de la velocidad de rotación de las mercancías, engendran necesidades artificiales es porque el objeto está en el origen de la necesidad. Los objetos nos ponen en ciertos estados y con frecuencia hasta han sido concebidos para tener ese efecto.

Los jugadores compulsivos de Las Vegas llaman «the Zone» al estado en que los sumergen las máquinas tragaperras cuando se instalan a jugar frente a ellas horas y horas[1]. Es un estado indisociablemente físico y mental, que suspende el espacio tiempo, el sentimiento de uno mismo y que lleva al jugador de

---

[1] Natasha Dow Schull, «Digital gambling: the coincidence of desire and design», *Annals of the American Academy* 597/1 (2005), p. 73 y ss.

olvidarse por completo de todo lo demás. Su atención se concentra en los gestos de la apuesta, ejecutados maquinalmente.

Lo que menos desea el jugador compulsivo es ganar rápidamente pues el triunfo le obligaría a plantearse que debería alejarse de la máquina. Quiere prolongar ese estado lo más posible. La compra compulsiva produce en los individuos una alucinación del mismo orden.

El hecho es que lo que da al jugador la posibilidad de entrar en «the Zone» es la ergonomía de las máquinas tragaperras, los asientos que las acompañan y el ambiente que reina en el casino: fondo sonoro, luces artificiales, arquitectura interior. En Estados Unidos, la concepción e instalación de esas máquinas representan una industria floreciente donde se distinguen los diseñadores más creativos. La idea rectora es mejorar permanentemente la comodidad del jugador optimizando, por ejemplo, la altura y la inclinación del sillón respecto de la máquina. Los calambres son el enemigo pues hacen que el jugador interrumpa sus apuestas por un momento para estirar los músculos. Las ganancias de los casinos dependen del aumento de la «productividad del jugador» (*gamming productivity* es una expresión utilizada por los mismos diseñadores).

Hasta los años setenta, las máquinas tragaperras tenían una palanca a un lado para accionar el mecanismo. El famoso *one-armed bandit* de la iconografía del Far West. Pero desde entonces, la palanca fue reemplazada por grandes botones que permiten acelerar el ritmo de las apuestas[2]. Es más rápido y menos fatigoso oprimir un botón que tirar de una palanca. En el pasado, el jugador insertaba monedas en la máquina a cada nueva partida. Hoy, introduce su tarjeta de crédito una sola vez al comenzar la sesión y luego cada apuesta se debita automáticamente. Es el mismo principio del «One-Click» de Amazon que nos dispensa de dar nuestros datos bancarios cada vez

---

[2] *Ibid.*, pp. 67-68.

que compramos algo[3]. Los flujos de dinero que van de su cuenta bancaria a la del casino no son para el jugador más que una abstracción lejana. Sus gestos están concentrados y racionalizados al máximo, las apuestas se suceden cada vez más rápidamente. Y esa velocidad es lo que lo hace entrar en «the Zone». Suscitar necesidades artificiales supone modelar los objetos, optimizar su ergonomía y acelerar el ritmo de su renovación. Y también combatirlos para favorecer necesidades auténticas. Después de todo, numerosas figuras de la historia del diseño eran revolucionarios: William Morris, los constructivistas rusos o hasta ciertos miembros del Bauhaus[4]. Hay que interesarse en las cosas mismas, en la estabilidad y la inestabilidad del sistema de los objetos[5]. De algún modo, lo que decía Georges Perec:

Estaban sentados uno frente al otro, iban a comer después de haber tenido hambre y todas esas cosas –el mantel blanco de tela basta, la mancha azul de un paquete de Gitanes, los platos de loza, los cubiertos un poco pesados, las copas de pie, la canastilla de mimbre llena de panes frescos– componían el marco siempre nuevo de un placer casi visceral, en el límite con el embotamiento: la impresión, casi exactamente contraria y casi exactamente idéntica a la que procura la velocidad, de una sensacional estabilidad y una fantástica plenitud. Partiendo de esa mesa servida, tenían la impresión de estar viviendo en una sincronía perfecta: latían al unísono con el mundo, se bañaban en él y se sentían a sus anchas en esa inmersión; no había nada que temer[6].

---

[3] «1-Click» es una marca registrada de Amazon que ha pasado a dominio público recientemente. Véase «Amazon's One Click patent expires in 3 week's time – Why was it ever granted?», *Forbes*, 21 de agosto de 2017.

[4] Véase Alexandra Midal, *Design. Introduction à l'histoire d'une discipline*, París, Pocket, 2009.

[5] Véase Jean Baudrillard, *Le Système des objets*, París, Gallimard, 1978 [ed. cast.: *El sistema de los objetos*, México, Siglo XXI de México, 1969].

[6] Véase Georges Perec, *Les Choses*, París, Pocket, 2015 [1965], p. 65 [ed. cast.: *Las cosas*, Barcelona, Anagrama, 2001].

Esa impresión de «sincronía perfecta» que representan Sylvie y Jérôme, los dos «psicosociólogos» cuya existencia relata *Las cosas* (1965), es pasajera. El relato está dedicado por entero a la discordancia creciente entre el mundo de los humanos y el de los objetos, y a los efectos que esa discordancia ejerce en la subjetividad. Sylvie y Jérôme encarnan la primera generación nacida en la sociedad de consumo, que estará también en el origen de Mayo del 68, tres años después de la publicación del libro. Perec hace alusión a esa discordancia creciente en el pasaje citado, cuando compara la plenitud y la estabilidad que experimentan los personajes con las que suscita la velocidad: una plenitud y una estabilidad muy precarias.

Una hipótesis formulada por Hartmut Rosa propone que el poco tiempo de que disponemos en nuestras sociedades de la «aceleración» para disfrutar de los bienes adquiridos –por ejemplo, leer un libro– nos lleva a comprar siempre nuevos bienes con la esperanza constantemente diferida de que llegará el momento en que finalmente podremos disfrutar de ellos[7]. La nueva compra compensa la imposibilidad en que me encuentro de consumir verdaderamente la precedente. La mercancía hace entrever una satisfacción –una felicidad– futura, siempre frustrada pero reactivada por la perspectiva de la adquisición de nuevas mercancías.

MAKE IT NEW!

El consumo no es la única esfera social movida por una insaciable búsqueda de novedad. Basta con entrar un día en un museo de arte moderno para percibir el dictado de la renovación permanente que se le impone al campo artístico.

---

[7] Véase Harmut Rose, *Aliénation et accélération. Vers une théorie critique de la modernité tardive*, París, La Découverte, 2012, p. 126 [ed. cast: *Alienación y aceleración. Hacia una teoría crítica de la temporalidad en la modernidad tardía*, Madrid, Katz Editores, 2016].

Desde el siglo XIX, el artista de vanguardia –literaria, pictórica o musical– se ha ataviado con diversos atuendos, ora esteta o dandi, ora revolucionario o místico. Pero lo que reúne a las vanguardias más allá de sus diferencias es la búsqueda de la originalidad, de la singularidad, de la autenticidad; en suma, de la novedad[8]. Una vanguardia se define por la ruptura que opera con la precedente y las innovaciones que introduce en las formas y el discurso estéticos. De Dada a los surrealistas, luego a los letristas, luego a los situacionistas, siempre opera esta lógica, hasta lo que Guy Debord proclama el fin del arte, precisamente a causa de la imposibilidad de crear algo nuevo[9]. Hay varios factores que explican el carácter central que tiene la novedad en el arte moderno. En primer lugar, se estima que la originalidad confiere a una obra su «aura», para emplear un concepto de Walter Benjamin, es decir, su unicidad[10]. Del aura dimana la experiencia, también singular, del espectador o del oyente en su presencia. A diferencia del arte premoderno, el arte moderno no procura imitar modelos del pasado, principalmente antiguos, juzgados como insuperables. Pretende crear a partir de la nada. La cuestión que plantea Benjamin en su texto de 1936 *La obra de arte en la época de su reproductibilidad técnica* es la siguiente: ¿qué pasa con el aura en una época en la que la obras pueden reproducirse hasta el infinito, en la que ya no son únicas?

Luego, en el campo artístico, como en todos los demás campos, ser diferente es existir, existir socialmente. La novedad es un capital que el artista puede hacer valer en la «lucha de

---

8 Véase Rosalind Krauss, *The Originality of the Avant-Garde, and Other Modernist Myths*, Cambridge, MIT Press, 1986, p. 6 [ed. cast.: *La originalidad de la vanguardia y otros mitos modernos*, Barcelona, Alianza Editorial, 2015].

9 Véase, por ejemplo, Guy Debord, *Guy Debord presente Potlatch (1954-1957)*, París, Gallimard, 1996.

10 Véase Walter Benjamin, *L'Œuvre d'art à l'époque de sa reproductibilité technique*, París, Allia, 2003 [ed. cast.: *La obra de arte en la época de su reproductibilidad técnica*, Madrid, Casimiro Libros, 2010].

posiciones» artísticas. El uso del estilo indirecto libre que hizo Flaubert no es solamente la expresión de su «neutralismo estético», según la expresión de Pierre Bourdieu, es decir, de la distancia que cultiva con los personajes que pone en escena[11]. Es una manera de distinguirse de sus contemporáneos en el terreno propiamente estético. Las instituciones del arte –museos críticos e historiadores del arte, editores y hasta bienales– tienen interés en promover la novedad y por ello la alientan. ¿Cómo atraer al público si la exposición que uno propone no es diferente o, mejor aún, *radicalmente* diferente de las que presentan los museos competidores? Entre otras cosas, una obra de arte es una mercancía y, como toda mercancía, está sujeta a la necesidad de diferenciarse y renovarse constantemente.

Pero, sobre todo, la novedad está en el mundo antes de estar en las obras. Como dicen Marx y Engels en un pasaje del *Manifiesto comunista*, la sociedad moderna se caracteriza por la «alteración de todas las condiciones sociales. [...] Todas las relaciones estables y solidificadas, con su cortejo de concepciones y de ideas tradicionales y venerables se disuelven; las relaciones recién establecidas envejecen antes de haber podido osificarse»[12]. La modernidad es hija de dos revoluciones: una política que comienza en 1789 y se prolonga con todas las siguientes hasta la Primavera Árabe incluida; y una económica, la Revolución industrial[13]. Si el cambio ocupa una posición central en la estética moderna es porque antes la ocupó en la sociedad moderna: el arte se hace eco de la experiencia que viven los artistas y su público. Ahora bien, una de las dimensiones de estas experiencias –ciertamente no la única– es la aceleración de la velocidad de rotación de las mercancías.

---

[11] Véase Pierre Bourdieu, *Les Règles de l'art. Genèse et structure du champ littéraire*, París, Seuil, 1992, p. 56 [ed. cast.: *Las reglas del arte*, Barcelona, Anagrama, 1992].

[12] Véase Karl Marx y Friedrich Engels, *Manifeste du Parti communiste*, cit. [ed. cast.: Akal, cit., pp. 51-53].

[13] Véase Eric Hobsbawm, *L'Ère du capital (1848-1875)*, París, Hachette, 2002 [ed. cast.: *La era del capital 1948-1975*, Barcelona, Crítica, 1998].

Los grandes pensamientos modernos son pensamientos del cambio, a favor o en contra. Esto es evidente en las ciencias humanas pero también suceden en las ciencias naturales. Veamos un ejemplo: el darwinismo, la teoría de la evolución, la más potente de las teorías nacidas en el siglo XIX. Darwin intenta hacer lo más difícil: explicar la novedad en la naturaleza, precisamente en un terreno que, hasta entonces, solía considerarse inmutable o, al menos, estable. Sería excesivo sostener que *El origen de las especies* surge como consecuencia de la doble revolución política y económica que sacudía a las sociedades modernas en el momento de su publicación, 1859, época en la Marx escribió *El capital*. Pero es verdad que ni siquiera los genios científicos escapan por completo a la influencia de su tiempo.

Una consigna resume esa centralidad de la novedad en el arte moderno: «*Make it new!*», el credo de Ezra Pound que da título a una colección de ensayos del poeta estadounidense publicada en 1934[14]. Numerosos teóricos del arte, por ejemplo, Fredric Jameson y Peter Gay[15], han juzgado que ese credo es la marca de fábrica del modernismo. Ser moderno es hacer cosas nuevas, es decir, romper con las «concepciones osificadas» del pasado repudiadas por Marx y Engels. Cuando este mandato deja de operar, el arte irrumpe en una era nueva que Jameson ha teorizado con el nombre de «posmodernismo»[16]. Surge entonces la duda respecto de la capacidad de los artistas de engendrar permanentemente formas nuevas.

«*Make it new!*» invita a la renovación de las formas estéticas pero, curiosamente, no es en sí misma una consigna nue-

[14] Ezra Pound, *Make it New*, Nueva York, Faber & Faber, 1934.

[15] Véase, por ejemplo, Peter Gay, *Modernism. The Lure of Heresy*, Nueva York, W. W. Norton, 2010 [ed. cast.: *Modernidad. La atracción de la herejía de Baudelaire a Beckett*, Barcelona, Paidós, 2007].

[16] Fredric Jameson, *Le Postmodernisme, ou la Logique culturelle du capitalisme tardif*, París, Presses de l'ENSBA, 2011 [ed. cast.: *El posmodernismo o la lógica cultural del capitalismo avanzado*, Barcelona, Paidós, 1991].

va. En realidad, se remonta a muchos siglos antes de nuestra era. Al enunciarla, Pound bebe de tres fuentes[17]. Apasionado de la filosofía china, Pound retoma en sus poemas secciones enteras de sabiduría confuciana. Estudió sobre todo *El Ta-Hio* o *Gran saber*, el primero de los cuatro libros fundadores del confucianismo que contiene enseñanzas de Confucio y un comentario de uno de sus discípulos, Tseng Tsé. En un pasaje dedicado al arte de gobernar, Tseng Tsé, dirigiéndose al rey, le confía el secreto del buen gobierno: «Renuévate completamente cada día; hazlo de nuevo, y de nuevo, y siempre de nuevo». El soberano, si quiere durar, debe esclarecer al pueblo. Y para hacerlo, debe renovarse cada día, no dormirse en los laureles, se diría en castellano. Debe renovarse *completamente* y *todos los días*. La novedad debe ser para él una forma de ascesis. «*Make it new*», la traducción que hace Pound de esta consigna, ha llegado a definir la dinámica del arte moderno, pero, en sí misma, no tiene nada de particularmente moderno. Confucio la teorizaba cinco siglos antes de Jesucristo.

La influencia de Confucio se combina en la obra de Pound con la de Jakob Burckhardt, el historiador del Renacimiento autor de *La civilización del Renacimiento en Italia* (1860). Burckhardt fue uno de los primeros en teorizar el Renacimiento como «época» cuyas diferentes esferas –arte, política, formas de sociabilidad, etcétera– conforman un sistema. El «renacimiento»: no es una *tabula rasa*, un comienzo radical, sino la regeneración de los modelos antiguos en la Italia del Quattrocento. Renacer no es nacer, es recuperar un pasado glorioso después de un periodo de corrupción y de decadencia. Cuando Pound proclama «*Make it new!*» seguramente está pensando en ese modelo antes que en el de una originalidad en ruptura con el pasado. El modelo del «renacimiento» tiene, por supuesto, acentos cristianos, puesto que la resurrección es ante todo la de Cristo.

---

[17] Michael North, *Novelty. A History of the New*, Chicago, University of Chicago Press, 2013, pp. 169 y ss.

Pound no era solamente apasionado de la filosofía china y lector de Burckhardt. También era fascista y estaba orgulloso de serlo. El centro social fundado por los neofascistas en Roma a comienzos de los años 2000 se llama «CasaPound», en honor al autor de los *Cantos*[18]. CasaPound designa hoy de forma más general a un sector de la extrema derecha italiana que combina racismo y políticas sociales reservadas a los italianos. ¿Qué relación tiene esto con el modernismo? El fascismo se presenta como una revolución, una revolución continua (*rivoluzione continua*). Los fascistas tomaron esta expresión –como otros elementos de su repertorio discursivo– de los bolcheviques, más precisamente de Trotsky quien hablaba de la «revolución permanente» (una locución que ya está presente en Marx).

En sus escritos sobre el fascismo, particularmente en *Jefferson and/or Mussolini* (1935), Pound da un sentido preciso a la expresión «revolución continua»: todo renacimiento supone una destrucción previa[19]. La antigua civilización, sus pueblos y sus clases deben desaparecer a fin de que aparezca la nueva. Esa nueva civilización debe ser consciente de su carácter perecedero puesto que la revolución es continua. Tampoco en este caso «*Make it new!*» designa un comienzo absoluto sino más bien la dialéctica de lo antiguo y lo nuevo. A menudo, los dos términos de esta dialéctica mantienen relaciones conflictivas.

Fueron los críticos de arte quienes, a partir de los años cincuenta hicieron de «*Make it new!*» el credo modernista por excelencia[20]. Justamente en un momento en que el modernismo estaba en decadencia y en el que intentaban definir lo que estaba a punto de sucederle. Aquellos críticos ponían el acento en el elemento de novedad inherente al modernismo y minimiza-

---

[18] Pietro Castelli Gattinara y Caterina Proio, «Discourse and Practice of violence in the Italian extreme right: frames, symbols, and indentity-building in CasaPound Italia», *International Journal of Conflict and Violence* 8/1 (2015).

[19] Michael North, *Novelty. A History of the New*, cit., p. 168.

[20] *Ibid.*, cap. 7.

ban sus vínculos complejos con las tradiciones pasadas. Pero el modernismo mismo tiene una deuda con la tradición y lo sabe. La práctica de la cita, que generalmente se considera típica del posmodernismo, es en realidad moderna, como lo muestra el caso de Pound. El modernismo se define como recombinación original de elementos venidos del pasado antes que como búsqueda absoluta de la novedad. La originalidad es un «mito modernista» más que una realidad de ese movimiento[21].

LA GARANTÍA Y LA LUCHA DE CLASES

Esta dialéctica conflictiva de lo antiguo y lo nuevo está también presente en el fundamento de la mercancía. Hoy, nuestro problema consiste en conjurar la revolución continua de las cosas, en interrumpir la huida hacia delante que reemplaza sin cesar el último dispositivo por uno nuevo que a su vez, víctima de la obsolescencia, será arrojado, como sus predecesores, a los cubos de basura de la historia material.

Una primera respuesta, aparentemente muy sencilla, es la siguiente: estabilizar el sistema de los objetos supondría extender la duración de su garantía. El 80 por 100 de las mercancías vendidas que están dentro del periodo de garantía vuelven al vendedor o al fabricante (o a uno de sus subcontratistas) para ser reparadas[22]. Este porcentaje varía según los objetos: un reloj de pulsera no es lo mismo que una impresora, aun cuando tengan el mismo precio. Los afectos investidos en ellos no son del mismo orden y la persona que los posee calcula de manera diferente su esperanza de vida. Pero la estimación global es esa.

---

[21] Rosalind Krauss, *The Originality of the Avant-Garde, and Other Modernist Myths*, cit., p. 9.
[22] Clément Chauvin y Erwann Fangeat, «Allongement de la durée de vie des produits», étude réalisée pour le compte de l'Ademe, febrero de 2016, pp. 22-23 [https://www.ademe.fr/].

Pues bien, una vez vencida la garantía, esa cifra cae a más de la mitad, a menos del 40 por 100. Con o sin razón, el comprador juzga pues más práctico y/o menos oneroso volver a comprar una nueva tostadora o un nuevo ordenador. Moraleja: cuanto más se extienda la duración de la garantía, tanto más duraderos serán los objetos pues en vez de ser desechados serán reparados. Y con ello se desacelerará el ritmo de su renovación, de la explotación de los recursos naturales y de los flujos de energía que implican su fabricación y su ciclo de vida. La garantía, que parece un factor menor, es una poderosa palanca de transformación económica y, por ende, política.

Aquí volvemos a percibir la inteligencia de los movimientos sociales: la extensión de la duración de la garantía es una reivindicación proclamada hoy por un colectivo de asociaciones. Los Amis de la Terre [Amigos de la Tierra], sostenidos fundamentalmente por France Nature Environnement, Halte à l'obsolescence programmée (HOP) [Alto a la obsolescencia programada] y la Réseau action climat [Red acción clima], han iniciado una petición exigiendo la extensión de la garantía a diez años[23]. Con la ley Hamon de 2014 (o «ley del consumo») el derecho francés da conformidad a una directiva europea que se remonta a 1999 y que fija en dos años la duración de la garantía. Antes, podía ser inferior, por ejemplo, podía ser de solo un año. El paso a una duración de diez años sería pasar a otro mundo y la forma mercancía daría un vuelco radical. Organismos tales como la Agencia del medioambiente y el manejo de la energía (Ademe), Terra Nova, la UFC-Que choisir y la Comisión para el desarrollo perdurable también han tomado posición a favor de una prolongación de la duración de las garantías, de tres a cinco años, por ejemplo.

---

[23] Véase «Signez la pétition "Garantie 10 ans maintenant"», 24 de octubre de 2016 [www.amisdelaterre.org]. Véase también Les Amis de la Terre, «Allonger la durée de la vie de nos biens: la garantie à 10 ans maintenant!», apunte de alegato, septiembre 2016.

111

La industria, por su parte, se opone con uñas y dientes a esta medida. Posición muy comprensible. Que se lancen menos mercancías en los mercados significa, si las demás variables permanecen iguales, menos ganancias. La reparación, por cierto, podría llegar a ser un sector lucrativo. Ya lo es en ciertas ramas de la industria. Pero la extensión de la garantía implicaría repensar de pies a cabeza los modelos productivos en vigor.

La industria dice que *in fine* será el consumidor quien afrontará el costo de la extensión de la garantía. Los pedidos de reparación (mucho) más numerosos suscitarán gastos suplementarios para los fabricantes y los vendedores que indefectiblemente repercutirán en los precios de los productos. Variante: el empleo sufrirá también las consecuencias puesto que disminuirá la cifra de negocios de las empresas involucradas. La Federación del comercio y de la industria, pero también algunas grandes empresas como Darty han presentado estos argumentos cuando se consideró la posibilidad de incluir la prolongación de la duración de las garantías legales en la ley Hamon[24].

O bien, agregan, se correrá el riesgo de sofocar la innovación. El *turnover* [volumen de ventas] de los productos incita a la industria a crear permanentemente nuevas tecnologías. Sin él, la investigación y el desarrollo (I+D) pierden su centralidad en el funcionamiento del capitalismo. También en esta situación, el consumidor será la primera víctima pues no podrá cambiar de Smartphone con tanta frecuencia como querría. Garantizar por más tiempo las mercancías supone producirlas de otro modo, con materiales durables y por lo tanto más costosos. Es el fin de la civilización de lo desechable, pilar, desde la invención de la navaja de afeitar Gillette, a fines del siglo XIX, de la sociedad de consumo[25].

---

[24] Véase Sophie Caillat, «La extensión de garantie, le juteaux business que Darty a sauvé», *Le Nouvel Observateur*, 2 de mayo de 2013.

[25] Véase Serge Latouche, *Bon pour la casse*, cit., pp. 93-95.

Como vemos, hay relaciones de fuerza entre las clases sociales que subtienden la vida de los objetos. La garantía es la lucha de clases aplicada a la duración de la vida de los objetos. Existen muchas clases de garantías, más de una treintena en las distintas partes del mundo[26]. Aquí mencionaremos solo las más comunes, registradas por la Dirección general de la competencia, del consumo y de la represión de fraudes (DGCCRF), una rama del Ministerio de Economía francés[27]. Las garantías relativas a las transacciones entre profesionales son objeto de artículos específicos del código civil y del código de consumo. Como lo son las que conciernen a los bienes inmuebles. Ciertas mercancías, como los bienes «semidurables» –por ejemplo, la ropa y el calzado–, no tienen garantía, lo que no significa que no se los pueda cambiar si presentan un defecto. Uno de los temas en juego en la batalla por la extensión de la garantía es lograr que cubra también los bienes semidurables[28].

Entre el comprador no profesional –usted y yo– de un bien de consumo y un fabricante o vendedor profesional, existen principalmente tres tipos de garantía: la garantía legal de conformidad, la garantía legal de vicios ocultos y la garantía comercial, también llamada garantía contractual. Las dos primeras son obligatorias, gratuitas y no necesariamente tienen que ser escritas. Se habla entonces de «garantía implícita» *(implied warranty)*. Son parte de todas las transacciones comerciales. La tercera es opcional y a menudo hay que pagarla.

Todo bien debe poseer ciertas características que estén de conformidad con el «uso esperado» de un bien similar, indica

[26] D. N. Prabhakar Murthy y Wallace R. Blischke, *Warranty Management and Product Manufacture*, Londres, Springer, 2006, p. 41.

[27] Véase Direction Générale de la Concurrence, de la consomation et de la Répression des Fraudes (DGCCRF), «Garanties légales, garantie commerciale et service après-vente», enero de 2017 [https://www.economie.gouv.fr/].

[28] Véase Philippe Moati, «Étendre la garantie sur les biens à 10 ans», *Le Monde*, 3 de mayo de 2010.

el artículo 211-4 del código del consumo francés. Una mercancía no es una singularidad; pertenece a una clase de mercancías que poseen características comunes. Cuando uno adquiere una de ellas, espera que el objeto manifieste esas características. De modo que, si mi nueva tostadora no tuesta el pan, es legítimo que yo me exaspere; después de todo, para eso la compré. La garantía legal de conformidad nos garantiza que tal objeto corresponde indudablemente a tal clase de mercancías. Esto supone un acuerdo (tácito) entre el vendedor y el comprador sobre la definición del «uso esperado» de un bien, en ausencia del cual sobreviene un litigio. Esto supone además que los bienes se produzcan en serie (volveremos sobre este punto).

La garantía legal de conformidad se aplica independientemente de que el bien sea nuevo o de segunda mano. La incapacidad de mi nueva tostadora de tostar el pan puede ser el resultado de un defecto de fabricación, de un problema de embalaje o de instrucciones de montaje inadecuadas. En todos los casos, el comprador puede pedir el reembolso, una nueva tostadora, que se le repare la que compró o que se le reduzca el precio del producto; en principio es él quien elige, salvo que una u otra de estas opciones implique costos mucho más elevados para el vendedor o el fabricante. La garantía legal de conformidad no concierne a los vendedores no profesionales. Si yo le revendo a usted mi vieja tostadora y esta no le funciona, el perjudicado será usted.

Esa forma de garantía es independiente de la intención del fabricante o del vendedor: este último puede haber tenido la mejor buena fe, desconocía el hecho de que la tostadora no tostaba el pan y aun así se lo tiene por responsable de la no conformidad de la mercancía que ha lanzado al mercado. El derecho moderno, en este terreno, como en otros, prefiere no complicarse la vida con imputaciones de intención, siempre difíciles de demostrar. En las sociedades premodernas, la intención tenía un lugar más destacado en la activación de las garantías. Además de extender la garantía a dos años, la ley Hamon invierte la carga de la prueba: en caso de que surja un problema, corresponde al fabricante o al vendedor demostrar que la mercancía no es defectuosa y no al comprador que sí lo es. Esto es así hasta el vencimiento de la garantía; a partir de entonces el comprador queda librado a su suerte con su producto. La garantía contra los vicios ocultos es una segunda categoría que se aplica a los bienes nuevos o de segunda mano, independientemente de que el vendedor sea o no profesional. El artículo 1641 del código civil francés estipula: «El vendedor tiene la obligación de responder a la garantía por defectos ocultos de la cosa vendida que la hacen inapropiada para el uso al que se la destina o que disminuyen de tal modo ese uso que el comprador, si los hubiera conocido, no habría comprado el producto o solo habría pagado un precio menor»[29]. La distinción entre la no conformidad y el vicio oculto no siempre es evidente, aunque un vicio oculto afecta forzosamente al «uso esperado» de una mercancía. La no conformidad es una categoría más amplia que incluye el vicio oculto, pero también los casos en que, por ejemplo, la cantidad de unidades de un bien contenidas en un paquete no se ajusta al contrato.

Estando el producto en garantía, el consumidor puede intentar una acción legal por vicios ocultos contra el fabricante o contra el vendedor. Aun cuando el desperfecto sea responsabilidad del primero (generalmente se trata de un defecto de fabricación), al segundo se lo considera igualmente responsable. El defecto debe ser anterior a la venta del bien y no deberse a un «uso indebido» por parte del consumidor. La garantía es una forma de seguro: el bien se asegura contra un riesgo futuro, nunca contra un riesgo ya corrido de antemano.

Por último, están las garantías suplementarias de las garantías legales, llamadas «comerciales» o «contractuales». El fabricante o el vendedor se las propone al comprador. Cuan-

---

[29] Véase Direction Générale de la Concurrence, de la Consommation et de la Répression des Fraudes (DGCCRF), «Garanties légales, garantie commerciale et service après-vente», cit., p. 3.

do las incluyen gratuitamente –para ser más exactos, cuando el costo está integrado en el precio de la mercancía– se trata de un argumento de *marketing* para incitar al consumidor a comprar esta mercancía y no la de la competencia. Cuando hay que pagarlas, es un modo que tiene el vendedor de aumentar su ganancia.

Las garantías comerciales no sustituyen a las legales que deben respetarse pase lo que pase. Son forzosamente escritas y rigen las condiciones del servicio posventa precisando, por ejemplo, si una parte de los gastos quedará a cargo del comprador o si el vendedor pondrá a disposición del cliente otro ejemplar del mismo bien durante el tiempo que dure la reparación. En cuanto a la «garantía del fabricante», en ocasiones dura más de dos años y puede extenderse a cinco o a diez. La garantía comercial es la principal garantía a la que recurren los consumidores en caso de defecto de un producto.

A estas garantías comerciales se agregan cada vez más las llamadas «extensiones de garantía». Siempre a cambio de cuotas, con frecuencia caras, prolongan –durante una duración estipulada por contrato– la cobertura del bien adquirido en caso de mal funcionamiento, de rotura o robo. Las nuevas tecnologías son uno de los factores que han impulsado estas extensiones en el transcurso de los últimos años: los teléfonos móviles, las tabletas y los ordenadores son objetos complejos –que sufren desperfectos con frecuencia– y de carácter ostentoso, lo que los hace presa fácil de los ladrones. Estos son los argumentos que normalmente esgrimen los vendedores para alentar la compra de esas extensiones.

Otra causa de su desarrollo fue la aparición en escena de las plataformas de distribución, del tipo Amazon. La competencia de estas plataformas ha llevado a los distribuidores tradicionales a tratar de reconstituir sus márgenes mediante la venta de extensiones de garantía[30]. Según una estimación, la mitad

---

[30] Clément Chauvin y Erwann Fanceat, «Allongement de la durée de vie des produits», cit., p. 33.

de los márgenes de ganancias de Darty se basa en las extensiones de garantía[31].

Si bien el colectivo de asociaciones liderado por Les Amis de la Terre milita a favor de la extensión de la duración de la garantía por supuesto no aboga por las «extensiones de garantía» privadas. Lo que defiende es el aumento de la duración de las garantías legales gratuitas. En la lucha de clases aplicada a la duración de vida de los objetos, como en tantas otras cuestiones, las fuerzas del mercado procuran privatizar y el movimiento social busca socializar.

Breve historia de la garantía

La garantía es tan antigua como el comercio mismo. La mayor parte de las sociedades la han aplicado aun cuando no existía todavía el intercambio comercial. El *potlatch* descrito por Marcel Mauss, por ejemplo, conlleva una garantía informal: el temor del jefe de la tribu a perder «la cara» por ser incapaz de responder al don con un contradón de nivel superior o equivalente. «Se dice de uno de los grandes jefes míticos que no ofrecía *potlatch* que tenía la "cara podrida"», cuenta Mauss, a propósito de una tribu amerindia[32]. El riesgo de que el jefe pierda la cara, el prestigio, es un medio de asegurar que a todo don corresponderá un contradón. Si eso no ocurre, se aplicará una sanción, en este caso simbólica.

En toda época, una transacción representa siempre un riesgo para las partes. Esto es evidente para el comprador, a quien el comerciante puede haber vendido –intencional o inadvertidamente– una mercancía de mala calidad o que no permite el «uso esperado». La venta es una promesa hecha por el

---

[31] Sophie Caillat, «L'extension de garantie, le juteaux business que Darty a sauvé», cit.

[32] Véase Marcel Mauss, «Essai sur le don. Forme et raison de l'échange dans les sociétés archaïques», *Sociologie et anthropologie*, París, Presses Universitaires de France, 1978, p. 206 [ed. cast.: *Ensayo sobre el don. Forma y razón del intercambio en las sociedades arcaicas*, Madrid, Katz, 2010].

117

vendedor según la cual el objeto satisfará la necesidad del comprador. De parte del comprador, supone apostar por el cumplimiento de esa promesa: al no estar aún en posesión del bien, no tiene la prueba de esa conformidad.

La garantía lo protege en los casos en que la promesa no se cumple. A los ojos del comprador, su presencia aumenta las oportunidades de que se cumpla. El vendedor tiene interés en que el comprador no le devuelva la mercancía y, por lo tanto, a no poner en el mercado productos no conformes o defectuosos. En este sentido, la garantía tiene un efecto retroactivo en los términos de la transacción. Construye la confianza entre las partes.

Pero también el vendedor corre un riesgo: que el comprador insatisfecho devuelva el producto y exija que se lo cambien o le reembolsen el dinero. La publicidad explota suficientemente ese recurso para que sea necesario desarrollarlo: «Si no está satisfecho, ¡le devolvemos su dinero!». Si el vendedor obra de mala fe, no se sorprenderá cuando el comprador regrese. Con la mayor frecuencia, ha tomado la delantera y ha desparecido. Pero si obra de buena fe, su reputación corre un riesgo importante y, por ende, también lo corre la viabilidad de su actividad. Imaginemos que ocurriría si todos los compradores se presentaran en la tienda al mismo tiempo para devolver sus bienes. Las páginas de los diarios están llenas de casos –a veces escándalos– de este tipo.

Y el productor también tiene necesidad de protegerse. Su situación es particularmente arriesgada en los sectores innovadores en los que la calidad de la mercancía y el grado de satisfacción que procura al consumidor no están equilibrados. La noción de «riesgo de desarrollo» designa los casos en los que una innovación industrial, después de haber sido puesta en el mercado y sin que el fabricante lo sepa, ocasiona daños sanitarios o ambientales[33]. La garantía permite codificar las

---

[33] Véase François Ewald, «La véritable nature du risque de développement et sa garantie», *Risques* 14 (1993).

condiciones de la reclamación. En el mundo anglosajón, dentro del servicio de posventa, la gestión de la reclamación representa toda una rama de la administración, llamada *warranty management* (gestión de la garantía)[34]. En Estados Unidos tiene sus revistas especializadas como *Warranty Week* («La semana de la garantía»), subtitulada «La revista de los profesionales de la garantía»[35].

Uno de los primeros casos de garantía documentados se encuentra en el código babilónico de Hammurabi (aproximadamente 1750 a.C.)[36]. Se trata del caso de un arquitecto que ha hecho construir una casa; la casa se derrumba y provoca la muerte del propietario. La garantía era del tipo «ojo por ojo»: el arquitecto fue ejecutado. Si hubiese sido el hijo del propietario de la casa el que murió en el derrumbe, el sentenciado a muerte habría sido el hijo del arquitecto. La naturaleza del daño lleva una sanción de naturaleza equivalente. Si en vez de derrumbarse, la casa hubiese sufrido defectos de construcción constatados, el arquitecto habría debido afrontar penalidades financieras.

A la largo de la historia, la garantía corresponde con frecuencia a los esclavos y el ganado, que durante mucho tiempo representaron una parte importante de las transacciones comerciales. La ley de las XII tablas, las primeras leyes romanas escritas (siglo V a.C.) estipula que, durante la venta de un esclavo, el adquiriente debe recibir información sobre las taras físicas o psicológicas que pudiera sufrir el objeto de la transacción. Está prohibido, agrega la ley, teñirle los cabellos para hacerlo parecer más joven y aumentar así su valor en el mer-

---

[34] Véase D. N. Prabakhar Murthy y Wallace R. Blischke, *Warranty Management and Product Manufacture*, cit. Sobre una sociología de la reclamación, véase Benoît Giry, «La faute, la panne et l'insatisfaction. Une sociohistoire de l'organisation du travail de traitement des réclamations dans les services du téléphone», *Sociologie du travail* 57/3 (2015).
[35] Véase el sitio de *Warranty Week* [www.warrantyweek.com].
[36] Arvinder P. S. Loomba, «Evolution of product warranty: a chronological study», *Journal of Management History* 4/2 (1998), p. 126.

cado. Asimismo, se estipula que no debe suministrársele a un buey ninguna poción vigorizante en los momentos que preceden a la venta, con el fin de engañar al comprador sobre el valor del animal.

Además del «ojo por ojo» y las sanciones financieras, durante mucho tiempo se practicó la toma de rehén como una forma de garantía. Se mantenía a los rehenes en custodia el tiempo necesario para verificar que las partes respetaran los términos de un contrato. Este tipo de garantías se emplearon menos en transacciones comerciales que cuando se establecían tratados de paz, por ejemplo, en la Europa medieval[37]. Un tratado de paz tiene la misma estructura lógica que una transacción comercial, con la salvedad de que no necesariamente da lugar a un intercambio de bienes.

Desde el comienzo de la historia humana hasta el siglo XX, los productores, vendedores y compradores se conocían y pertenecían a la misma comunidad. El productor y el vendedor eran a menudo una misma persona: el artesanado se caracteriza por la ausencia de intermediario, es decir, de una clase de comerciantes. El comprador no siempre conocía al productor/vendedor en persona pero, por regla general, vivían en la misma región, si no ya en la misma aldea. Aún no se habían inventado las tecnologías del transporte y las comunicaciones modernas que pusieron en movimientos los bienes y a las personas, alargando la distancia entre lugares de producción, de venta y de consumo. Al comprarle a un artesano, uno sabía que casi con seguridad volvería verlo, por ejemplo, en el mismo mercado la semana siguiente o el mes próximo. Y él también. En consecuencia, no tenía ningún interés en estafarnos.

En ese contexto, *publicidad* es la mejor forma de garantía. La publicidad, no en el sentido actual de mercadeo, sino en el sentido del carácter público de la transacción. En la Edad Media, los intercambios debían llevarse a cabo de día y en público, a la vista y el conocimiento de la comunidad. «No

---

[37] *Ibid.*, p. 130.

sales by candle light or after the bell had rung for sunset» («Ninguna transacción se hará a la luz de las velas o después de que haya sonado la campana anunciando la puesta del sol»), dice un código inglés que data del siglo XIV[38]. Lo que no se hace en público corre el riesgo de ser fraudulento. La noche, en particular, es el momento de las transacciones engañosas. En la oscuridad, el comprador no está en condiciones de hacer un juicio sobre la calidad del bien. Hoy en los mercados financieros, las transacciones se realizan las 24 horas del día los 7 días de la semana. Pero, en Wall Street, la campana que anuncia el comienzo y el fin de la jornada continua señalando el tiempo de las transacciones.

La publicidad permite la formación de reputaciones: a la larga, se sabe que tal comerciante es honesto y tal otro corrupto. El control de las transacciones es directo, procede de los encuentros cara a cara repetidos entre el productor/vendedor y el comprador, que hacen emerger convenciones sobre la calidad de los productos y la reputación de los proveedores y los clientes. En caso de que haya fallas en la formación de esas convenciones, la comunidad interviene. Si descubre a un comerciante deshonesto, lo expone y lo abuchea desacreditándolo y desacreditando sus productos fraudulentos. El suplicio del alquitrán y las plumas, cuya versión *western* todos conocemos y que se remonta a la Edad Media, es una de sus variantes. El comerciante corrupto termina siendo desterrado. Lo mismo ocurre con el ladrón.

Desde la Edad Media, la relación de fuerzas entre el productor/vendedor y el comprador oscila entre dos principios: *caveat venditor* y *caveat emptor*; es decir, «que el vendedor vigila» la transacción, es decir, asume el riesgo y «que el comprador vigila», o sea, se hace responsable.

Antes del siglo XVI, prevalecía el *caveat venditor*. La vigilancia correspondía al vendedor. La influencia de la Iglesia en las transacciones comerciales aún era grande. La ganancia estaba

---

[38] *Ibid.*, p. 132.

bajo sospecha y el vendedor debía hacerse responsable de los bienes que ponía en circulación.

El *caveat emptor* surge en el siglo XVI y se inscribe en un conjunto de reglas comerciales aparecidas en los umbrales de la época moderna, conocida con el nombre de *lex mercatoria* o «derecho de los comerciantes»[39]. La *lex mercatoria* constituye una forma de autorregulación del sector mercantil, complementaria del derecho comercial de los Estados (aún embrionario en aquella época) cuyo equivalente actual sería el arbitraje privado[40]. En el siglo XVI, las redes comerciales se extienden y se organizan; cruzan las fronteras de los imperios y de los Estados y así escapan en parte a sus sistemas jurídicos. Al aumentar su poder, estas redes adquieren mayor peso para fijar las condiciones de intercambio.

El principio *caveat emptor* da ventaja al productor/vendedor. El fraude ciertamente se castiga y, cuando la venta se acompaña de una garantía explícita, el comprador puede devolver el bien o exigir el reembolso. Pero en todos los otros casos, la responsabilidad de la transacción recae en la espalda del comprador, aun cuando el producto haya resultado defectuoso o que no corresponda al «uso esperado». De ahí la idea de que el comprador *(emptor)* debe estar vigilante en el momento de la compra. Las garantías «implícitas», es decir, legales y obligatorias solo aparecen en la segunda mitad del siglo XX.

La débil protección con que contaba el comprador en los tiempos del *caveat emptor* era el resultado de una relación de fuerzas favorable al vendedor. Pero también respondía al hecho de que las mercancías eran aún poco numerosas y poco complejas. Generalmente, el comprador tenía la competencia necesaria para evaluar su calidad. Por poco que estuviera «vi-

---

[39] Véase Walton H. Hamilton, «The ancient maxim caveat emptor», *Yale Law Journal* 40/8 (1931).

[40] Véase Razmig Keucheyan, «Un intellectuel discret au service du capital», *La Revue du Crieur* 3 (2016).

gilante», podía descubrir fácilmente el fraude. Que el comprador no sepa siquiera cómo nombrar la mercancía que tiene ante su vista y menos aún comprender cómo funciona es una experiencia moderna. Hasta el siglo XX, el cliente sabía a quién le compraba y qué compraba[41].

Una de los primeros casos registrados en que se impone el *caveat emptor* tiene lugar durante un proceso que se realiza en Londres en 1603 en torno a un bezoar[42]. Un bezoar es una concreción calculosa que suele encontrarse en las vías digestivas y en las urinarias de algunos mamíferos a la que en el pasado solían atribuírsele virtudes mágicas y curativas. El demandante afirma que el objeto que le han vendido no es un bezoar puesto que no tiene ninguna de las virtudes asociadas a él. El tribunal rechaza la demanda porque el comprador no ha podido probar las intenciones fraudulentas del vendedor. Por añadidura, aunque tales intenciones hubieran existido, el bezoar no estaba garantizado.

A lo largo del siglo XIX, prosigue el fortalecimiento de los actores de la oferta –industriales y distribuidores– mientras que los consumidores, por su parte, aún no están organizados. El movimiento obrero que, antes de la aparición de las asociaciones de consumidores, toma a su cargo una parte de las reivindicaciones «consumistas»[43], también está «en construcción». El principio *caveat emptor* aún dominaba a comienzos del siglo XX y hasta la generalización de la gran distribución, en el último tercio del siglo pasado: el comprador compraba esencialmente a personas que conocía. Si uno no estaba contento

---

[41] Véase Jean-Claude Daumas, «Consommation de masse et grande distribution: une révolution permanente (1957-2005)», *Vingtième Siècle* 91/3 (2006).

[42] Véase Timothy J. Sullivan, «Innovation in the law of warranty: the burden of reform», *The Hasting Law Journal* 32/2 (1980), pp. 344-345.

[43] En francés, el adjetivo «*consumeriste*», tomado del inglés, además de «consumista» designa, en su segunda acepción, lo que se relaciona con la defensa de los derechos de los consumidores.

con la calidad de la carne que le había vendido su carnicero, se lo decía o cambiaba de carnicería. Pero, con el capitalismo industrial y en particular durante sus treinta gloriosos años de posguerra, la producción y el comercio se complicaron y con ellos, se complicó la garantía.

El «consumidor» es indisociable de las protecciones jurídicas que lo acompañan y por eso mismo lo constituyen. En otras palabras, es indisociable de la garantía moderna. Antes del siglo XX, no existían los consumidores propiamente dichos. Existían los compradores. El consumidor solo aparece verdaderamente cuando su protección llega a constituir una cuestión de política pública.

La aparición del «consumidor» resulta de las transformaciones que experimenta el capitalismo a partir de la segunda mitad del siglo XIX. Procede, más precisamente, de las evoluciones de la relación entre el capitalismo y el Estado. A menudo el Estado favorece los intereses de los capitalistas, en particular, de los industriales. Librado a sí mismo, sigue su pendiente natural. Pero, cuando las clases populares hacen oír sus voces y politizan los daños psicológicos, sociales y ambientales que sufren, el Estado está en condiciones de contener y hasta de oponerse a la lógica del capital[44]. Hacer la arqueología de la garantía moderna es interrogarse sobre la historia de las relaciones conflictivas entre el capitalismo y el Estado.

Las transformaciones del capitalismo alteran las condiciones de la transacción comercial. En el capitalismo del siglo XX, la relación cara a cara entre el productor y el comprador es cada vez más rara. ¿Quién conoce al ganadero que ha criado el buey cuya carne llega a su plato o al carpintero –en realidad, el industrial– que ha fabricado sus muebles? El productor y el vendedor ya no son la misma persona, la clase de los comerciantes se ha hecho mucho más poderosa. El artesanado persiste pero es residual. La distancia entre el lugar de

---

[44] Nicos Poulantzas teoriza esta ambivalencia del Estado moderno en *L'État, le pouvoir, le socialisme*, cit.

producción, el de venta y el de consumo de la mercancía ha crecido. Ahora hay que indicar *los* lugares de producción y no *el* lugar, pues la producción está fragmentada. Hoy, lo habitual es que una mercancía esté integrada con componentes fabricados en lugares diferentes y ensamblada en otro sitio. Las ramas se diversifican y los intermediarios son múltiples. Junto con esta fragmentación de la producción se produce su internacionalización[45]. Las mercancías se producen en países diferentes de su lugar de consumo. En la época en que las transacciones comerciales eran públicas, en caso de fraude, el comprador podía contar con la mediación de la comunidad, pero la multiplicación de las jurisdicciones nacionales impulsada por la internacionalización de la producción hace que esta mediación sea incierta. En caso de que un producto ensamblado en México con componentes producidos en China, en Sudáfrica y en Brasil resulte defectuoso, ¿a quién deberá dirigir su reclamación el consumidor francés?

Esta fragmentación suma complejidad no solo a la geografía, sino también a las temporalidades de la producción. Una gran cadena comercial encarga un producto hoy para que le sea entregado algunas semanas y hasta algunos meses después. La duración de las transacciones se extiende, cuando antes eran *on the spot*. La financiación desempeña una función crucial en la gestión de esa extensión.

La producción se masifica. La «masificación» tiene cuatro vertientes: la seriación, la estandarización, la diversificación y el aumento de la complejidad[46].

La seriación: la misma mercancía se produce en serie, en unidades idénticas. El artesano también producía vestidos en serie, pero en menor cantidad porque no contaba con la auto-

---

[45] Véase William Milberg y Deborah Winkler, *Outsourcing Economics. Global Value Chains in Capitalist Development*, Cambridge, Cambridge University Press, 2013.
[46] Véase Michael J. Piore y Charles F. Sabel, *The Second Industrial Divide. Possibilities for Prosperity*, Nueva York, Basic Books, 1984 [ed. cast.: *La segunda ruptura industrial*, Madrid, Alianza, 1990].

matización de su producción y, con un grado de singularidad más elevado, pues cada prenda de vestir, aun cuando surgiera a partir del mismo patrón, estaba «hecha a mano». El rótulo «hecho a mano» aún se valora hoy precisamente porque pone un sello de singularidad, esto es, porque escapa a la seriación de la producción en masa. Esta envuelto en cierta «aura» como la obra de arte según Walter Benjamin. Y esa aura se traslada a la persona que posee el objeto.

La producción se basa en normas estándar, en «recetas para la realidad» *(recipes for reality)*, para retomar la expresión de Lawrence Busch[47]. Una receta especifica los ingredientes que entran en la composición de un plato. Lo mismo sucede con las mercancías cuya fabricación responde a normas de calidad y de cantidad sobre las que se ponen de acuerdo los actores de un sector. Estas normas se refieren al ensamblaje de los componentes pero también a su embalaje, instalación, alimentación eléctrica, etcétera. La estandarización, unida a la automatización, permite la seriación, es decir, la producción de una misma mercancía en grandes –enormes– cantidades. Y también posibilita la intercambiabilidad: dos fábricas situadas en las antípodas pueden producir el mismo componente y, si respetan los mismos estándares, pueden ensamblarse piezas originadas en distintos sitios. La estandarización es pues la condición de la fragmentación espacial de la producción.

Aun cuando se produzcan enormes cantidades de las mismas mercancías, el mundo de los objetos que nos rodean se diversifica. Hoy se estima, por ejemplo, que un alemán medio posee unos 10.000 objetos[48]. En Gran Bretaña, en 2013, se contabilizaron seis mil millones de prendas de vestir, es decir, alrededor de cien por persona. Buena parte de esa vestimenta, por supuesto, nunca sale del armario. En *Life at Home in the 21st Century. 32 Families Open Their Doors*, un equipo de an-

---

[47] Véase Lawrence Busch, *Standards. Recipes for Reality*, Cambridge, Massachusetts, MIT Press, 2013.

[48] Frank Trentmann, *Empire of Things*, cit., p. 1.

tropólogos dirigido por Jeanne E. Arnold pidió a una treintena de familias que abrieran las puertas de sus hogares y fotografió los objetos que poseían para documentar así «escenas de la vida cotidiana»[49]. Lo que impresiona es no solo la cantidad innumerable de objetos que poseemos ahora sino también la enorme diversidad de esos objetos y la diversidad de las relaciones que mantenemos con ellos.

Junto con la masificación de la producción va aumentando la complejidad de las mercancías. No todas son complejas. Algunas tienen, como suele decirse, «escaso valor agregado» y provienen a menudo de las economías en vía de desarrollo. Pero hay una tendencia a aumentar la composición técnica de los bienes. El automóvil y el ordenador son dos mercancías muy presentes en nuestra vida cotidiana y los misterios de su funcionamiento escapan al común de los mortales. En caso de avería, tenemos que dirigirnos a los especialistas. Y, en el momento de la compra, nuestra decisión depende de criterios de juicio indirectos.

¿Qué impacto tiene esto en la garantía? Un impacto considerable. Estas transformaciones en la esfera de la producción acrecientan los riesgos asociados a la compra. La mercancía se vuelve inescrutable y el comprador se encuentra indefenso ante ella. El fundamento del principio *caveat emptor* que ha predominado hasta fines del siglo XIX, suponía que el comprador podía examinar el bien antes de adquirirlo y que poseía las competencias para formarse un juicio sobre el objeto en cuestión. Un poco de vigilancia de su parte era suficiente para no dejarse engañar. La distancia creciente entre los lugares de producción, de venta y de consumo de las mercancías, así como su creciente complejidad, invalidan aquellas condiciones. Además, su diversificación hace que la elección sea más difícil: entre los numerosos modelos disponibles en el mercado, ¿qué coche elegir? ¿Qué ordenador? ¿Qué regalarle

---

[49] Jeanne E. Arnold *et al.*, *Life at Home in the 21st Century. 32 Families Open Their Doors*, Los Ángeles, Cotsen Institute Press, 2012.

a un sobrino? ¿Qué yogur? ¿Qué destino elegir para pasar el fin de semana?

Este es el contexto en que se instauraron procedimientos de calificación de la mercancía, privados y públicos, que dieron nacimiento a la figura del «consumidor». El consumidor es el cliente, entendido como comprador protegido, esto implica, más precisamente, que la cuestión de su protección llega a ser un elemento importante de la lucha entre fuerzas sociales: industriales, Estado, sindicatos, movimientos sociales, etcétera. La garantía es uno de los principales objetos de esta lucha. El principio *caveat emptor* no desaparece. Esta máxima, como se ha dicho, estriba en el poder de organización de los actores de la oferta que no deja de fortalecerse en el capitalismo contemporáneo. Pero hoy hay contrapesos que se oponen a ese poder y que vuelven a poner en juego el principio *caveat venditor.* Puesto que las transacciones ya no se realizan frente a frente, debe encontrarse un sustituto de la publicidad de las transacciones. Ese sustituto no es otro que la garantía moderna.

La garantía moderna surge como resultado de procesos acaecidos dentro y fuera del derecho. El derecho registra periódicamente evoluciones en curso en el mundo social, en particular en la esfera productiva. Pero también tiene efectos performativos que influyen en las modalidades de la transacción.

Se establece entonces una distinción entre comprador «profesional» y comprador «no profesional». Se supone que el primero, por ser un especialista en su dominio, es capaz de formarse una opinión informada del producto. No es el caso del segundo, ciudadano común, quien, en consecuencia, está rodeado de garantías específicas. A las garantías «explícitas» o expresas *(express warranty)*, frecuentemente escritas, se agregan garantías «implícitas» obligatorias y tácitas. El número de mercancías con garantía aumenta. Antes la garantía era algo raro y se dejaba librada a la buena voluntad de vendedor y cliente pero poco a poco termina afirmándose como una institución de mercado estructurante.

Desde la segunda mitad del siglo XX, la garantía se convierte en un arma en la competencia entre productores. Proponer una garantía con una duración superior a la que ofrecen los competidores pasa a ser una manera de atraer clientes[50]. El primer sector en el que se utilizó esta arma fue la industria del automóvil. En Estados Unidos, hasta los años sesenta, la forma estándar de garantía para los automóviles era de tres meses y 4000 millas[51]. En aquella época los constructores no buscaban diferenciarse en ese terreno. Algunos componentes del automóvil, como las ruedas o la batería contaban a veces con garantías particulares propuestas por el fabricante o el constructor.

Pero la competencia entre marcas se intensifica, sobre todo con la llegada al mercado de los coches alemanes y japoneses. Las capacidades productivas extraordinarias que resultan de esta aparición son una de las causas de la crisis de los años setenta[52]. Ante todo, dan lugar a una creciente competencia entre constructores y la garantía pasa a ser un factor esencial. Los historiadores llamaron *Warranty war* a ese episodio. En 1967, Ford aumentó la garantía de sus vehículos a dos años y 24.000 millas. La competencia no se quedó atrás y en 1981, Chrysler ofrecía su garantía de 5 años y 50.000 millas. En 1987, General Motors la extiende a seis años y quita el límite de millas lo que significa suprimir el criterio del desgaste del vehículo. A comienzos de los años 2000, las marcas japonesas –Toyota, Honda, Suzuki...– brindan las garantías más atractivas.

---

[50] Véase Jon G. Udell y Evan E. Anderson, «The product warranty as an element of competitive strategy», *Journal of Marketing* 3/4 (1968).
[51] D. N. Prabhakar Murthy y Wallace R. Blischke, *Warranty Management and Product Manufacture*, cit., p. 48.
[52] Véase Robert Brenner, *The Economics of Global Turbulence. The Advanced Capitalism Economies from Long Boom to Long Downturn, 1945-2005*, Londres, Verso, 2006 [ed. cast.: *La economía de la turbulencia global*, Madrid, Akal, 2009].

El movimiento de defensa de los consumidores, que se estructura a finales del siglo XIX y en las primeras décadas del XX, desempeña, en paralelo, un papel determinante en el surgimiento de la garantía moderna. Durante los treinta años de gloria del capitalismo, los «derechos del consumidor» llegan a constituir una apuesta importante de la política pública. Como ilustra la serie *Mad Men*, cuya acción se desarrolla en las décadas de los cincuenta y sesenta, la publicidad amplía su poderío. En Estados Unidos, en 1900, los gastos publicitarios globales se elevaban a 542 millones de dólares. En 1930, pasaron ya 2.600 millones de dólares[53]. La publicidad no solo crece; también evoluciona su naturaleza. En 1900, el 60 por 100 de las publicidades acentuaban las características del producto: esta afeitadora afeita bien, esta tostadora tuesta muy bien su pan. En 1930, ese porcentaje cae al 20 por 100. Cada vez más, la publicidad evoca «la experiencia» que constituye poseer la mercancía. La campaña Marlboro Man, lanzada en 1955, no habla de cigarrillos. Describe el universo al que da acceso un Marlboro.

En ese contexto, las asociaciones de consumidores ya no apuntan solamente a precaverse contra los fraudes; también se trata de defender al consumidor frente a la manipulación publicitaria. Por vigilante que esté el consumidor, como se lo recomienda la máxima *caveat emptor*, en el seno del capitalismo «tardío» la relación de fuerzas le es totalmente desfavorable. Es por ello que necesita ayuda.

La posguerra ve nacer lo que la historiadora Lizabeth Cohen ha llamado la «república de los consumidores»[54]. Esta noción se aplica en principio a Estados Unidos, pero puede generalizarse incluyendo, en ciertos aspectos, hasta a la Unión

[53] Véase Hayagreeva Rao, «Caveat emptor: the construction of nonprofit consumer watchdog organizations», *American Journal of Sociology* 103/4 (1998), pp. 926-928.
[54] Véase Lizabeth Cohen, *A Consumer's Republic. The Politics of Mass Consumption in Postwar America*, Nueva York, Alfred A. Knopf, 2003.

Soviética[55]. La idea es simple: la democracia supone la prosperidad. La ausencia de prosperidad da lugar a «crisis de gobernanza», como dirá en 1975, al finalizar la edad de oro del capitalismo, el informe «La crisis de la democracia» redactado por la comisión trilateral de Michel Crozier, Samuel Huntington y Joji Watanuki. La «crisis de la democracia» de que hablan los autores resulta de la desaceleración del capitalismo de posguerra, más precisamente, de las demandas excesivas de bienestar material que dirigen las poblaciones occidentales ya acostumbradas a él a un capitalismo que ya no puede cubrirlas.

Pues bien, una de las dimensiones de esta prosperidad es el «consumo de masas». Un consumo dinámico, dicen, es una condición de la democracia. Para que el consumo contribuya a la prosperidad y por ende a la democracia, es esencial instaurar políticas públicas que garanticen al consumidor un «poder de compra» suficiente –es la época del keynesianismo triunfante– y que lo protejan de prácticas fraudulentas o manipuladoras.

El consumidor tiene que estar en condiciones de tomar decisiones informadas. Florecen las analogías entre el voto y el consumo, dos maneras que tiene el ciudadano de ejercer su racionalidad. El elector «hace su mercado» o, lo que viene a ser lo mismo, el consumidor «elige» su marca preferida. La ciudadanía moderna no es solamente política, también es económica.

¿QUÉ ELEGIR?

A lo largo de todo el siglo XX, surgen instituciones públicas que apuntan a proteger al consumidor. En 1914 se crea en Estados Unidos una agencia estatal: la Federal Trade Commis-

---

[55] Véase Francis Spufford, *Red Plenty. Inside the Fifties' Soviet Dream*, Londres, Faber & Faber, 2010 [ed. cast.: *Abundancia roja. Sueño y utopía en la URSS*, Madrid, Turner, 2011].

sion (FTC)[56]. Su divisa es «Proteger a los consumidores estadounidenses». Su objetivo: «Impedir las prácticas comerciales anticompetitivas, engañosas o injustas, permitir que el consumidor tome decisiones informadas y contribuir a que el público comprenda mejor los mecanismos de la competencia, todo ello sin entorpecer indebidamente la legítima actividad comercial»[57]. Hasta que se creó la FTC, el comercio estaba regulado básicamente por los diferentes Estados. En Francia no existe un equivalente exacto pero hay un organismo del Ministerio de Economía, la Dirección General de Competencia, Consumo y Represión de Fraudes (DGCCRF) que es bastante semejante[58]. Los dos tienen a su cargo velar por la aplicación de las disposiciones legales referentes a la garantía.

Se forman asociaciones que testean los productos y hacen recomendaciones a sus adherentes. Son agrupaciones que *institucionalizan la desconfianza* respecto de los productores y los vendedores[59]. Algunas de estas asociaciones se remontan a finales del siglo XIX y a los primeros años del XX. Pero la primera asociación de consumidores en el sentido actual se funda en 1927 en Estados Unidos: Consumers Research que publica el *Consumers Research Bulletin*. El modelo se difunde rápidamente. Al finalizar el siglo XX, se contabilizaban más de doscientas asociaciones de consumidores en ese país. Algunas fueron independientes desde el comienzo, otras estaban vinculadas con sindicatos y otras tenían por vocación abogar por la causa de

<hr />

[56] Arvinder P. S. Loomba, «Evolution of product warranty: a chronological study», cit., p. 134.

[57] Véase el sitio: https://www.ftc.gov/about-ftc.

[58] Sobre la historia del servicio de la represión de fraudes, dependiente en el momento de su creación, en 1907, del Ministerio de Agricultura, véase Alain Chatriot, «Qui défend le consommateur? Associations, institutions et politiques publiques en France (1972-2003)», en Alain Chatriot *et al.*, *Au nom du consommateur. Consommation et politique en Europe et aux États-Unis au XXᵉ siècle*, París, La Découverte, 2005, pp. 169-170.

[59] Véase Hayagreeva Rao, «Caveat emptor: the construction of nonprofit consumer watchdog organizations», cit., p. 914.

las mujeres. Como se estimaba que el consumo correspondía a la mujer, ayudarla en sus decisiones de compra era una manera de facilitarle la vida y fortalecer su poder. Alemania (1925) y Finlandia (1939) se cuentan entre los primeros países donde se crearon asociaciones de consumidores.

En Francia, la Unión Federal de consumidores (UFC)-Que choisir se fundó en 1951. El Instituto Nacional del Consumo, que publica la revista *60 millions de consommateurs*, por su parte, se creó en 1966[60]. Este instituto reúne una quincena de asociaciones de defensa de consumidores autorizadas por el Estado, sobre la base de su representatividad (número de adherentes) y de su independencia respecto de las agrupaciones sindicales y patronales. En algunos países europeos, entre ellos Francia, el Estado participa activamente en la creación de las asociaciones de consumidores. El primer presidente de la Unión Federal de Consumidores (UFC), André Romieu, era un alto funcionario miembro del gabinete de Antoine Pinay[61]. En ciertos sectores del movimiento a favor de los consumidores está muy presente el tecnocratismo típico de aquel periodo de «modernización» de Francia[62]. En 1976, durante el mandato de Valéry Giscard d'Estaing se crea una Secretaría de Estado del consumo. Con la llegada al poder de Mitterrand esa dependencia se transforma en Ministerio[63].

En Gran Bretaña, el Estado promueve la formación de agrupaciones de consumidores para administrar la escasez desde la Primera Guerra Mundial. Se establece entonces un «consejo

---

[60] Véase el sitio del Instituto: https://www.conso.net/.

[61] Véase Alain Chatriot, «Qui défend le consommateur? Associations, institutions et politiques publiques en France (1972-2003)», cit., p. 169.

[62] Véase Kristin Ross, *Rouler plus vite, laver plus blanc. Modernisation de la France et décolonisation au tournant des années 60*, Flammarion, París, 2006.

[63] Véase Alain Chatriot, «Qui défend le consommateur? Associations, institutions et politiques publiques en France (1972-2003)», cit., p. 173.

de consumidores» que será la matriz de los organismos de regulación del consumo surgidos en la posguerra. Un momento de la vida de las sociedades en que la cuestión del consumo se plantea con particular agudeza es el tiempo de guerra. El mercado negro permite el resurgimiento de formas de transacciones comerciales premodernas en las que el comprador queda librado a su suerte: *caveat emptor!*

El Estado no es el único actor que favorece la formación de las asociaciones de consumidores. En ciertos países, los aseguradores cumplen una función determinante. Cuando un aparato eléctrico falla y provoca un incendio o cuando un automóvil con los frenos defectuosos provoca un accidente, la aseguradora cubre los costos de modo que estas tienen interés en que los aparatos electrodomésticos no ocasionen un cortocircuito y en que los frenos frenen. Así es como se establecen alianzas «objetivas» entre movimientos a favor de los consumidores y ciertos sectores de la economía. En 1894, por iniciativa de varios aseguradores (*underwriter* significa «suscriptor») se formó Underwriters Laboratory, una de las agencias estadounidenses de certificación más antiguas, con el propósito de testear la fiabilidad de las instalaciones eléctricas.

En 1975 se promulga en Estados Unidos la ley Magnuson-Moss, bautizada así por el senador y el representante en la cámara de diputados que la apadrinaron. Esta ley homogeniza los dispositivos legales concernientes a la garantía en el nivel federal. El movimiento a favor de los consumidores hace sentir su peso en la redacción de la ley. Una de sus figuras señeras es el abogado Ralph Nader, que luego será candidato a la presidencia del país. En los años sesenta, Nader se especializa en denunciar la posición de vulnerabilidad en que los industriales y sobre todo los constructores de automóviles colocan a los ciudadanos[64]. Uno de sus célebres libros *Unsafe at Any*

---

[64] D. N. Prabhakar Murthy y Wallace R. Blischke, *Warranty Management and Product Manufacture*, cit., p. 260.

Speed, que parodia una publicidad de la época, fue publicado en 1965[65] y su influencia se hizo sentir hasta en Francia: durante el salón de los consumidores celebrado en París en octubre de 1972, Nader participó en un debate titulado «El consumidor tiene un poder»[66]. Su postura es la versión de izquierda de la «república de los consumidores» evocada por Lizabeth Cohen.

La ley Magnuson-Moss simplifica y aclara los términos de la garantía. Hasta mediados de los años setenta, las garantías estaban escritas en una jerga legal impenetrable para el consumidor. La ley codificó las garantías implícitas, de modo tal que ya no tuvieran que explicitarse durante las transacciones comerciales. Precisa asimismo los mecanismos de solución de los diferendos. En Estados Unidos, las *class actions* o «acciones colectivas» son una pieza central del arsenal jurídico. Permiten que los consumidores víctimas de un mismo vicio oculto, por ejemplo, demanden judicialmente al mismo tiempo al fabricante mutualizando los gastos del procedimiento. La serie *Damages* tiene por protagonista a una abogada –encarnada por Glenn Close– especializada en estas acciones colectivas.

En Francia, los artículos de ley relativos a la garantía tienen su lugar en el código del consumo, promulgado por el gobierno de Balladur en julio de 1993. El proyecto de codificación del derecho del consumo se remonta a los primeros años de la década de los ochenta. Ese código da homogeneidad a las leyes y reglamentos concerniente al consumo, particularmente la garantía, hasta entonces dispersos. Hoy, está constituido por ocho libros y los artículos referentes a la garantía se hallan sobre todo en los libros II («Forma y ejecu-

---

[65] Traducido al francés como *Ces voitures qui tuent*, París, Flammarion, 1966.

[66] Véase Alain Chatriot, «Qui défend le consommateur? Associations, institutions et politiques publiques en France (1972-2003)», cit., p. 170.

ción de los contratos») y IV («Conformidad y seguridad de los productos y servicios»)[67]. La ley de consumo o «ley Hamon» de 2014 introduce las acciones colectivas en Francia. Dos años después de su promulgación, a fines de 2016, el Instituto Nacional del Consumo registraba nueve acciones grupales en curso[68]. Las acciones colectivas son una consecuencia lógica de la estandarización de las mercancías: todos los miembros del «grupo» han comprado la misma mercancía defectuosa. Si esas mercancías hubieran sido singulares, estas personas no formarían un «grupo». En este sentido, la estandarización solo tiene ventajas para el consumidor. Por esa razón algunas de las primeras asociaciones de consumidores militaban a favor de ella en las primeras décadas del siglo XX[69]. Si se trata de una mercancía estandarizada, el comprador no tiene necesidad de formarse una opinión sobre ella. Al estar estandarizada, sus características responden a normas. Por consiguiente, en el momento de la compra representa un riesgo menor que un bien singular, que precisamente es singular porque no responde a normas. Cuanto más corresponde una mercancía a una categoría general, a un «uso esperado», tanto menor es el riesgo al que me expongo.

PROTEGER LA INVERSIÓN

He aquí la dialéctica de lo viejo y lo nuevo que subtiende la mercancía. El capitalismo exige que el ritmo de renovación de las mercancías se acelere permanentemente. Es el precio

---

[67] Véase Caroline Aubert de Vincelles y Natasha Sauphanor-Brouillaud (comp.), *Les 20 Ans du code de la consommation. Nouveaux enjeux*, París, LGDI, 2013.
[68] Véase Patricia Foucher, «L'action de groupe "consommation": 9 actions introduites en deux ans», Institut national de la consommation, 29 de diciembre de 2016.
[69] Véase Hayagreeva Rao, «Caveat emptor: the construction of nonprofit consumer watchdog organizations», cit., pp. 922-924.

de su supervivencia, es decir, el mantenimiento de los índices de ganancia. Pero esa aceleración está equilibrada por mecanismos estabilizadores que inscriben los bienes que nos rodean en la duración. La garantía es uno de esos mecanismos y la duración en cuestión es relativa. Más precisamente, es objeto de una lucha entre clases sociales: unos tienen interés en acortarla y otros en prolongarla. En el medio de esta lucha se encuentra el Estado y su potencia –o impotencia– reguladora. Pero, al igual que la obra de arte moderna, la mercancía capitalista no podría existir como pura novedad. La garantía es un mecanismo de gestión del riesgo: el riesgo de que la mercancía sea defectuosa. Ese riesgo existe en todo momento. Después de todo, una mercancía es una cosa y como tal, es perecedera en cada etapa de su ciclo de vida. Pero ese riesgo se acrecienta a medida que las mercancías se hacen más inescrutables: diversas, complejas y producidas lejos del lugar de consumo. Aumenta con el capitalismo «tardío», el que se impuso después de la Segunda Guerra Mundial y dura hasta nuestros días.

¿Quién corre el riesgo? Este es justamente el punto clave de la definición de los términos de la garantía, que también son objeto de una lucha. En la bibliografía administrativa y jurídica sobre la cuestión, existen tres teorías de la garantía[70]. La primera es la teoría de la «explotación». Según ella, la garantía es una herramienta que tienen el productor y el vendedor de explotar al consumidor. Garantizar una mercancía implica aumentar su precio, puesto que el costo de las reparaciones potenciales se integra de antemano al costo del producto. Pero, como la mayor parte de las mercancías no son defectuosas, la garantía termina siendo una manera de sacar provecho de una relación de fuerza comercial desfavorable para el consumidor.

La explotación del consumidor se ejerce asimismo mediante la introducción de «cláusulas» (disclaimers) más o menos

---

[70] D. N. Prabhakar Murthy y Wallace R. Blischke, *Warranty Management and Product Manufacture*, cit., pp. 5-6.

abusivas en las garantías. Estas cláusulas, son bien conocidas: generalmente aparecen redactadas en un cuerpo minúsculo y enumeran (numerosos) casos que quedan excluidos de la cobertura. En Francia, la lucha contra las cláusulas abusivas fue objeto de una ley en 1978[71]. La cuestión siempre es, evidentemente, determinar qué es abuso y qué no lo es… La teoría de la garantía como «explotación» era dominante antes de que, en los años setenta, se sancionaran las grandes leyes de protección de los consumidores. A la pregunta: ¿quién corre el riesgo?, responde: el consumidor.

La segunda teoría es la de la «señal». Desde ese punto de vista, la garantía es una señal relativa a la calidad del producto que el fabricante y el vendedor envían al consumidor. Y cuanto más tiempo dura la garantía, tanta mayor apariencia de calidad y de durabilidad tiene el producto. Pues al ofrecer a mi cliente una garantía, corro el riesgo de tener que asumir los costos de la reparación en la eventualidad de un producto defectuoso. La garantía es pues una suerte de «acto de lenguaje» mediante el cual el productor da testimonio de la calidad del producto, un acto que, si desea ahorrarse los costos de reparación, lo incita retroactivamente a lanzar al mercado mercancías de buena calidad.

Frente a este acto de lenguaje, el consumidor tiene dos posibilidades. Puede considerar que la garantía es una señal sincera de la calidad de la mercancía o bien suponer que oculta algo, que si la mercancía cuenta con una garantía ello se debe precisamente a que no es de buena calidad. Si el productor confiara en la calidad de su producto, ¿por qué siente la necesidad de garantizarlo?

Esta alternativa queda resuelta con la intervención de un tercero en la relación comercial: el Estado, que garantiza que, en caso de que la mercancía presente algún defecto, la garan-

---

[71] Véase Alain Chatriot, «Qui défend le consommateur? Associations, institutions et politiques publiques en France (1972-2003), cit., p. 172.

tía se aplicará. El Estado es una instancia de garantía de la garantía. Garantiza que el productor y el vendedor no se sustraigan a sus obligaciones si el producto tiene alguna falla. En todo caso, esa es la función que debería cumplir si quisiera proteger eficazmente a los consumidores.

La tercera teoría es la de la «inversión»[72] que estipula que la garantía representa un costo tanto para el productor como para el vendedor y para el consumidor, pero es un costo que le conviene consentir a cada uno de los participantes. Desde el punto de vista del consumidor, la garantía le permite cubrirse, como un seguro, en caso de falla del bien adquirido. Representa ciertamente un costo pero es un costo inferior al que debería afrontar si la mercancía resulta fallada.

Desde el punto de vista del productor y del vendedor, garantizar el bien representa igualmente un costo pero es una manera de fidelizar al cliente, de darle seguridad sobre la seriedad de su empresa, sobre la calidad de sus mercancías y de invertir en una relación comercial de largo plazo con él. Con el tiempo, garantizar sus productos redunda en provecho para ellos. A la pregunta ¿quién corre el riesgo?, responde pues: todos los participantes.

Proteger la inversión es un punto crucial para los capitalistas. Si la mercancía no encuentra comprador por una razón o por otra, o si encuentra uno pero este la devuelve a la tienda porque resultó defectuosa, la inversión realizada no reporta ninguna ganancia. Marx habla de «realización de la mercancía»: la mercancía no se hace «real» hasta que ha sido vendida. Si no se vende, continúa siendo económicamente virtual, en otras palabras, las inversiones que fueron necesarias para producirla no se recuperan.

Ese riesgo que corren las mercancías explica que el capitalismo, desde que existe, haya instaurado dispositivos de protección de la inversión. El seguro moderno emerge en el siglo XVII

---

[72] Véase George L. Priest, «A theory of the consumer product warranty», *The Yale Law Journal* 90/6 (1981).

en el momento en que el capitalismo se lanza a conquistar el mundo[73]. En aquella época, los océanos sobre los que se efectuaba esa expansión distaban mucho de ser seguros. Con frecuencia sobrevenían naufragios, tempestades, asaltos de piratas, incendios y hasta se declaraban epidemias que ponían en peligro tripulaciones y cargamentos. Las primeras formas de seguro moderno se desarrollaron pues en el sector marítimo. Y permitieron asegurarse de que aun cuando las mercancías quedaran destruidas por un naufragio o se perdieran en un pillaje, el propietario conservara parte de su valor, en la forma de indemnización pagada por el asegurador.

Así, además de tener un «valor de uso» y un «valor de intercambio», las mercancías tienen un «valor asegurado»[74]. Engendran valor por el hecho de estar aseguradas, por cuanto se anticipa el momento de su posible destrucción. Posteriormente, a lo largo de toda la historia moderna, el seguro se diversifica y acaba por cubrir a los ciudadanos frente a los azares de la vida: enfermedad, vejez, accidente, desempleo… Esta mutación supone un proceso de socialización del seguro que en su origen fue privado.

El arbitraje internacional es otro mecanismo de protección de la inversión[75]. Desde el siglo XVII, los Estados naciones modernos se dotan de un derecho comercial que rige las transacciones realizadas en su territorio. Pero, ¿qué hacer cuando el comercio se internacionaliza, cuando el comercio internacional se intensifica? ¿En qué jurisdicción nacional debe inscribirse un litigio entre contratantes que pertenecen a países diferentes? Antes de que el derecho comercial internacional se fortaleciera y, en realidad, en competencia con él, se desa-

---

[73] Véase Razmig Keucheyan, *La nature es un champ de bataille*, cit., cap. 2.

[74] Véase Ian Baucom, *Specters of the Atlantic. Finance Capital, Slavery, and the Philosophy of History*, Durham, Duke University Press, 205, p. 104.

[75] Véase Razmig Keucheyan, «Un intellectuel discret au service du capital», cit.

rrolla el arbitraje privado[76]. Es un medio con que cuentan los comerciantes para escapar a las restricciones que intentan imponerles los Estados. Pero es también un modo de resolver los diferendos que permite construir la confianza entre contratantes de distintas jurisdicciones nacionales. En ese sentido, el arbitraje atenúa los riesgos inherentes a la ampliación de los circuitos comerciales. Desde el siglo XVII es una condición de posibilidad de la mundialización del capital.

La garantía también es un mecanismo de protección de la inversión. Si durante muchos siglos se impuso el principio *caveat emptor*, ello se debió a que los tribunales de justicia estimaban que, si el productor debía cargar sistemáticamente con la responsabilidad de los defectos de sus mercancías, el riesgo de quiebra era demasiado elevado[77]. En tales condiciones, nadie correría el riesgo de invertir y, en particular, de lanzar al mercado productos nuevos, de una calidad por definición incierta. Cargar la responsabilidad en la espalda del comprador era pues una manera de proteger a los productores, es decir, de permitir que se desarrollara el capitalismo. A lo largo del siglo XX, se promulgaron leyes de protección del consumidor destinadas a equilibrar ese principio.

El argumento es el mismo que se emplea en el caso de las sociedades de responsabilidad limitada *(limited liability)*, uno de cuyos antecesores son las «sociedades en comandita» de la época napoleónica, creadas durante los primeros años del siglo XIX[78]. «Responsabilidad limitada» significa que los accionistas no son personalmente solidarios en caso de quiebra de la empresa. Después de numerosos debates, en el siglo XIX,

---

[76] Véase Thomas Hale, *Between Law and Interests. The Politics of Transnational Commercial Disputes*, Cambridge, Cambridge University Press, 2015.

[77] Véase Timothy J. Sullivan, «Innovation in the law of warranty: the burden of reform», cit., p. 350.

[78] Véase Marie-Laure Dielic, «When limited liability was (still) an issue: mobilization and politics of signification in 19th century England», *Organization Studies* 34/5-6 (2013).

este principio se impone con el fin de que los inversores puedan invertir con un mínimo de riesgo. Si la responsabilidad es «ilimitada» afirmaban entonces los partidarios de la responsabilidad limitada, no invertiremos y, por lo tanto, la economía no podrá crecer. Esto condujo a una situación óptima para el inversor: cosecha las ganancias si la empresa es próspera y, en caso de que, por el contrario, vaya a la quiebra, puede retirarse tranquilamente del negocio.

La «moralización del capitalismo» que tanto cacarean nuestros gobernantes se traduciría, en la práctica, en algunas medidas simples: entre ellas estaría la suspensión de la «responsabilidad limitada» y la prolongación de la duración de la garantía a diez años.

EL MERCADO DE LAS EXTENSIONES DE LA GARANTÍA

Hoy el capitalismo sabe comercializarlo todo. Hasta sabe comercializar las mercancías una segunda vez después de que el cliente las ha pagado. En suma, una forma de comercialización al cuadrado o de recomercialización. Las «extensiones de la garantía» prolongan, como vimos, la duración de la garantía de un bien. Su vigencia comienza una vez que caducan las garantías legales y se extienden con gran frecuencia a tres años suplementarios. Es una especie de confesión por parte de la firma: las mercancías que le estoy vendiendo no perdurarán tanto tiempo, sería mejor que usted se proteja prolongando la duración de la garantía.

Punto importante: quien carga con el costo de esas garantías es el cliente. Esto explica por qué, cuando uno compra una lavadora o una pantalla plana, el vendedor se apresura a hablarle de la extensión de la garantía en lugar de mencionar las garantías legales a las que el comprador tiene derecho y que, casualmente, son gratuitas. En Darty o en la Fnac, la venta de extensiones de la garantía está incluida en la VIM (comisión individual) o la REC (remuneración experiencia del cliente) del vendedor, o sea, la parte de su salario que depende de sus «rendimientos»[79]. Hay que reconocer que el capitalismo tiene cierto talento para camuflar su inmoralidad bajo falsos acrónimos. El salario del vendedor está directamente vinculado con la angustia que ve despertarse en el comprador cuando este imagina que su lavadora o su pantalla plana se descomponen pocos meses después de haberlas comprado. Esa es la «experiencia del cliente». Una extensión de la garantía puede alcanzar el 30 por 100 del precio del bien. Por ejemplo, en el caso de una impresora de chorro de tinta de 120 euros, se eleva a unos 40 euros[80]. Menciono las impresoras porque se trata de la mercancía por excelencia sujeta la obsolescencia programada. Tanto es así que, en septiembre de 2017, la asociación Alto a la obsolescencia programada (HOP) –uno de los soportes de la campaña de los Amigos de la Tierra en favor de la extensión de la garantía a diez años– ha presentado la primera demanda contra varios fabricantes de impresoras[81]. HOP acusa a Epson, Canon, HP y algunos otros de maniobras deshonestas, entre ellas, bloquear las impresiones y obligar así al usuario a volver a comprar cartuchos cuando los viejos aún contienen tinta.

La lucha contra la obsolescencia programada está prevista en la ley de transición energética de 2015. Demostrar la intención del fabricante no es tarea sencilla, pues para él será fácil retrucar que utilizó tal componente de ínfima calidad para reducir el precio del producto y no para disminuir a sabiendas la duración de su vida útil. Razón por la cual, recurrir a los tribunales es solo una de las dimensiones de una estrategia global de lucha contra la obsolescencia programada.

---

[79] Véase «Le business très rentable des extensions de garantie», *L'Obs*, 10 de mayo de 2010.

[80] UFC-Que Choisir, «Extensión à 2 ans de la garantie légale: une information du consommateur loin d'être garantie!», mayo de 2016, p. 12.

[81] Véase Isabelle de Foucaud, «Obsolescence programmée: une plainte déposée contre des fabricants d'imprimante», *Le Figaro*, 19 de septiembre de 2017.

Una «encuesta de fiabilidad» realizada en 2013 por UFC-Que Choisir referida a una docena de aparatos electrodomésticos corrientes (hornos, frigoríficos, lavadoras...) muestra que entre los seis meses y los dos años se eleva la tasa de desperfectos: «De los aparatos que han sufrido alguna falla, un tercio de los lavavajillas y más de la mitad de los frigoríficos tuvieron su primera avería en los dos primeros años posteriores a la compra», afirma el UFC[82].

Pero si esos aparatos se descomponen antes de que venzan las garantías legales (ahora dos años), ¿qué necesidad hay de prolongar la duración de la garantía extendiéndola? Lo primero es que el consumidor no conoce sus derechos. Si los conociera tampoco es seguro que los haga valer pues el trayecto para activar una garantía está sembrado de emboscadas. Por supuesto que lo está: es gratuita, razón por la cual ni el vendedor ni el fabricante se esforzarán por hacerse cargo de la reparación. Las asociaciones de defensa de los consumidores están precisamente para informar y apoyar el proceso pero la relación de fuerzas con los fabricantes y las cadenas comerciales les es desfavorable.

Por otra parte, el negocio de las extensiones de la garantía se apoya en el deseo del comprador de que el bien adquirido dure lo máximo posible. La alternativa es siempre la misma: solventar el costo de la extensión para que, en caso de que la mercancía falle después del vencimiento de las garantías legales, pueda ser reparada sin gastos o bien arriesgarse a que, si se rompe, los gastos de reparación demasiado elevados lo obliguen a comprar un aparato nuevo. Frente a este dilema, muchos consumidores prefieren la primera opción. La propensión a comprar la extensión aumenta con el precio del bien. Los automóviles son las mercancías que más generan la extensión de la garantía. Cuanto más elevado es el precio del objeto tanto menor es, en proporción, el costo representado por dicha extensión.

---

[82] UFC-Que Choisir, «Extensión à 2 ans de la garantie légale: une information du consommateur loin d'être garantie!», cit., p. 15.

Por último, esas extensiones cubren –o pretenden cubrir– eventualidades que no siempre amparan las garantías legales.

Si se trata de un Smartphone, una extensión puede incluir garantía contra robo o pérdida o ciertos usos incorrectos, cuando las garantías legales se limitan a desperfectos o roturas. La inescrutabilidad creciente de la mercancía hace que los motivos de que funcionen mal, percibidos o reales, sean numerosos. Y esto incita al comprador a cubrirse.

El problema es que las extensiones de la garantía suelen estar acompañadas de cláusulas de limitación de la responsabilidad de toda índole. Ciertos componentes, por ejemplo, la batería de los teléfonos inteligentes o las luces de los frigoríficos, no están cubiertas. Las excepciones también pueden ser de orden geográfico: si el cliente vive a más de tantos kilómetros de la tienda donde compró el producto, generalmente 30 o 40, a él le corresponderá llevarlo de regreso a la tienda si ha fallado, aunque haya pagado el alto precio de la extensión de la garantía. Otro caso: el aparato eléctrico trae el manual de instrucciones de mantenimiento; si el cliente no las ha seguido al pie de la letra, mala suerte: la garantía no se aplica, porque se estima que la falla ha sido el resultado de un uso incorrecto.

En agosto de 2016, el fiscal general del Estado de Washington demandó al gigante de las telecomunicaciones estadounidense Comcast, el primer operador de cable del país[83]. Comcast había vendido a sus clientes extensiones de la garantía del cableado de televisión e internet por valor de 73 millones de dólares. Esos contratos contenían una cláusula, formulada en términos incomprensibles para el común de los mortales, que excluía de la garantía todos los cables que se encontraran en el interior de las paredes, es decir, la parte esencial del cableado de televisión e internet. Por ello, sistemáticamente, la empresa desestimaba las demandas de activación de la garantía de sus clientes.

---

[83] Véase Consumer Reports, «Don't buy extended warranties», 26 de agosto de 2016, https://www.consumerreports.org/.

La extensión de la garantía es una fuente de ganancias considerable. Opera en una «zona gris» en la frontera entre legalidad e ilegalidad[84]. Formalmente, Comcast tiene todo el derecho de introducir este tipo de cláusula. Pero la idea misma de garantía pierde entonces su sentido y la cláusula se vuelve casi fraudulenta. Este fue el argumento en que se basó el fiscal general del Estado de Washington. Todo depende pues de la actitud del Estado: ¿favorable a los intereses privados o a los de los consumidores? Él es quien delimita la frontera entre la legalidad y la ilegalidad.

En una década, en Estados Unidos, el mercado de las extensiones de las garantías experimentó un aumento del 45 por 100: en 2016 alcanzaba los 42.000 millones de dólares[85]; diez años antes, era de 29.000 millones. Tanto en 2006 como en 2016, las extensiones de la garantía para los automóviles ocuparon el primer lugar de la lista. Pero, mientras en 2006 los ordenadores estaban en el segundo puesto, diez años más tarde, ese lugar había sido ocupado por los teléfonos móviles. La angustia de encontrarse sin el móvil…

Las asociaciones de defensa de los consumidores recomiendan no morder el anzuelo de las extensiones de la garantía. En noviembre de 2006, cuando estaban por comenzar las compras de Navidad, la asociación de defensa de los consumidores Consumer Reports pagó una página entera en *USAToday*, el principal diario estadounidense de alcance nacional, para publicar este simple anuncio: «Estimado consumidor, contrariamente a lo que afirma el vendedor, usted no necesita una extensión de la garantía. Cordialmente, Consumer Reports». Este anunció, que recusaba el principio mismo de las extensiones de la garantía desató la ira de las cadenas comerciales que ya se regodeaban inflando sus márgenes con la llegada de Papá Noel.

---

[84] Véase Franco Moretti, «The grey área. Ibsen and the spirit of capitalism», *New Left Review* 61 (2010).

[85] Véase *Warranty Week*, 29, septiembre de 2016 [www.warrantyweek.com].

No obstante, la atracción que ejercen las extensiones de las garantías invalida la idea de que nuestras subjetividades se adaptan sin problemas a la civilización de lo desechable. Refleja un deseo de durabilidad. Es un deseo que, en la actualidad, no encuentra alternativas a esas extensiones pero podrían inventarse otras.

Hoy existen empresas tercerizadas, *third parties*, especializadas en ese negocio que a veces se encargan de vender las extensiones de las garantías. Se trata de intermediarias financieras que funcionan como compañías aseguradoras. Sociedades tales como la Sociedad Francesa de Garantía (SFG) o Wetgarantie en Alemania –que en 2014 se fusionó con la SFG– son ejemplos de esta intermediación. La tarjeta de crédito, Visa o American Express, por ejemplo, en algunos casos, nos permiten protegernos en caso de falla de un producto comprado o alquilado.

La extensión de las garantías es una herramienta financiera. Aparece en el contexto de la financiarización del capitalismo. Incapaces de recuperar las tasas de ganancias de los treinta años de gloria de la posguerra, en la segunda mitad de los años setenta, los capitalistas se lanzaron a invertir masivamente en la esfera financiera, lo que les permitió obtener ganancias «ficticias»[86]. Hoy, la financiarización alcanza no solo a los operadores financieros propiamente dichos –fondos de pensión, fondos de inversión, *hedge funds*, aseguradoras y reaseguradoras, etcétera– sino también a los industriales, cuyas ganancias provienen cada vez más de operaciones financieras.

La financiarización afecta a todos los sectores de la vida social y hasta material. La naturaleza misma es objeto de financiarización. Desde hace unos treinta años, una serie de productos financieros «conectados» con la naturaleza intentan obtener ganancias de la crisis ambiental: mercados del carbono, derivados climáticos, bancos de activos para financiar

---

[86] Véase Cédric Durand, *Le Capital fictif. Comment la finance s'approprie notre avenir*, París, Les Pariries ordinaires, 2014.

la biodiversidad *(Green bonds)* y hasta bonos catástrofe *(CAT bonds)*[87]. La financiarización de la naturaleza es un instrumento que emplea el capitalismo pata tratar de hacer remontar o estabilizar las tasas de interés en un contexto de crisis de larga duración. Es algo bastante parecido a la financiarización de la mala calidad por medio de la extensión de la garantía.

ABRIR LA CAJA NEGRA DE LA MERCANCÍA

Estabilizar el sistema de los objetos para estabilizar las necesidades. No: estabilizar el sistema de los objetos para liberar las necesidades auténticas de las necesidades artificialmente creadas por el mercado. Las necesidades auténticas no tienen por qué limitarse. Y para estabilizar el sistema de los objetos, extender la duración de la garantía. La garantía es una pieza central de la *política de las necesidades* que acompañará a la transición ecológica.

Prolongar la vigencia de las garantías legales tendría toda una cascada de implicaciones. En primer lugar, supondría que las piezas de recambio estén disponibles durante largo tiempo, diez años si se mantiene este horizonte y quizás más. Sin piezas de recambio, ¿cómo reparar un bien? Limitar su disponibilidad es una estrategia de los fabricantes destinada a provocar la obsolescencia. Obtener la pieza de recambio lleva tiempo y es engorroso. El vendedor ni siquiera está seguro de que todavía exista. No tengo tiempo, compro un objeto nuevo.

Es necesario constituir un registro central de piezas de recambio por sector, accesible a todos. Existen ya embriones de este tipo de registros, por ejemplo, en el sector automotor. Hay que democratizar el acceso a las piezas de recambio. Posiblemente en el futuro su comercio llegue a ser un sector floreciente de la economía. La legislación sobre el secreto in-

---

[87] Razmig Keucheyan, *La nature es un champ de bataille*, cit., cap. 2.

dustrial y el *copyright* no podrá continuar en su estado actual pues detrás del problema de la disponibilidad de las piezas de recambio se perfila la cuestión de la propiedad privada.

El fabricante de maquinaria agrícola John Deere vende tractores y cosechadoras pero prohíbe a sus clientes que las reparen por sus propios medios si tienen algún desperfecto[88]. Actualmente, la electrónica ultracompleja que encierran sus motores solo es accesible a los expertos de la marca y a los concesionarios autorizados. Esto permite a la multinacional vender las piezas de recambio y la reparación a precio elevado manteniendo cautiva a su clientela. Una máquina John Deere requiere componentes John Deere, los de las marcas de la competencia no son compatibles. De ese modo, la empresa conserva además el monopolio sobre los «datos masivos» que contienen estas máquinas referentes al abono, la fumigación, las cosechas, en suma, todas las informaciones que genera la actividad agrícola. Esos *big data* son una mina de otro y se revenden luego, por ejemplo, a los comerciantes de granos o de fertilizantes.

En Estados Unidos, un movimiento de agricultores «piratas» intenta retomar el control de las máquinas por medios ilegales. Remiendan provisionalmente la mecánica y la electrónica y descargan de internet los programas gratuitos procedentes generalmente de países del Este. En ciertos Estados, por ejemplo en Nebraska, los representantes comienzan a sentir la presión y ya se están discutiendo proyectos de ley que permitirían que los agricultores recuperaran cierta libertad en el mantenimiento de su material. Esto es lo que significa la democratización de las piezas de recambio.

Si se quiere extender la garantía, harán falta reparadores... y en cantidad. En Francia, en diez años, el 50 por 100

---

[88] Véase Yves Eudes, «Kyle Schwartig, agriculteur pirate au Nebraska», *Le Monde*, 27 de julio de 2017. Véase también James W. Williams, «Feeding finance: a critical account of the shifting relationships between finance, food, and farming», *Economy & Society* 43/3 (2014).

de los mecánicos independientes especializados en maquinaria agrícola ha cerrado sus talleres[89]. La reparación de automóviles marcha bien, pero en materia de artefactos electrodomésticos o de marroquinería el país se desertifica. Es interesante relacionar este dato con el que dimos al comienzo del capítulo: después del vencimiento de la garantía, los consumidores dejan de reparar, prefieren comprar un producto nuevo. En consecuencia, los reparadores ya no tienen trabajo. Si se prolonga la duración de la garantía, esta noble profesión recupera su lugar. En ciertos centros urbanos, el movimiento Repair Café despierta entusiasmo[90]. Este es sin duda un efecto de la moda retro pero también consecuencia de la crisis que lleva a muchas personas a no tener ya alternativa a la reparación.

La profesión del reparador tiene una ventaja interesante: que no es deslocalizable. Cuando mi móvil tiene una falla, probablemente deba viajar al otro extremo del mundo para ser reparado. Esto ocurre cuando la misma cadena de tiendas (lo más frecuente en Francia) o el fabricante (lo más frecuente en Alemania, por ejemplo) se ocupa de la reparación. Pero cuando interviene un reparador local, mi salvador está ahí, de carne y hueso, ante mí. Este dato permite desarmar por completo el argumento del desempleo que esgrimen los detractores de la prolongación de la garantía, según el cual el aumento en los costos que tendrían los fabricantes y los distribuidores pondría en peligro muchos puestos de trabajo. Por el contrario, una garantía por más tiempo supone más reparaciones y, por lo tanto, más trabajo. Pero, por supuesto, la estructura del mercado del trabajo evolucionará. Para acompañar esta evolución, el Estado deberá instaurar medidas de reconversión.

---

[89] Véase Les Amis de la Terre, «Allonger la durée de vie de nos biens: la garantie à 10 ans maintenant!», cit., p. 9.

[90] Véase Nicolas Six, «Dans un Repair café, avec les bénévoles que redonnent vie au objets cassés», *Le Monde*, 1.º de octubre de 2017.

Poner a disposición del consumidor por más tiempo las piezas de recambio y resucitar el sector de la reparación no serviría para nada si las mercancías no fueran reparables, es decir, si no estuvieran concebidas con esa idea. Sin embargo, cada vez los objetos son menos reparables. La ontología de la mercancía ha cambiado. Pegar los componentes o atornillarlos: un detalle que lo cambia todo. En el segundo caso, el usuario podría desatornillarlos y reemplazar la pieza dañada. En el primer caso, estará obligado a despegarlo y volver a pegarlo resulta ser una tarea delicada. En el caso de las estructuras llamadas «monobloc», de una sola pieza, la reparación es aún más difícil puesto que desaparece la idea misma de «componente»: hay uno solo, o te lo quedas o lo tiras.

Los fabricantes no tienen ninguna necesidad de imponer la obsolescencia programada *stricto sensu*. Les basta con concebir objetos imposibles de reparar. Es mucho más sencillo y jurídicamente menos arriesgado. Históricamente, el diseño estaba del lado del progreso y hasta a menudo del lado de la revolución. El fantasma de William Morris se deprime al contemplar la sumisión de grandes sectores de esta disciplina a la lógica del capital.

Estabilizar el sistema de los objetos supone extender el principio de la garantía a las mercancías que hasta ahora no estaban incluidas. En particular, los bienes semidurables: ropa, calzado, suministros de oficina o algunos muebles (los de Ikea cuentan con una garantía de veinticinco años, pero son la excepción). Esas mercancías ganarían en calidad pues la garantía obligaría a los fabricantes a renunciar a los materiales baratos susceptibles de deteriorarse rápidamente. Esta es una de las ventajas de la relocalización de la producción, sin la cual la transición ecológica no tendrá ninguna posibilidad de producirse. Pues las importaciones de bajo costo, procedentes del otro extremo del mundo, cuyos procesos emiten grandes cantidades de gas de efecto invernadero, difícilmente se plieguen a las necesarias restricciones. Una de las condiciones de la globalización capitalista, aunque suela olvidarse, es la degradación de la calidad de los bienes, muchos de los cuales carecen de garantía. Los industriales tendrán que asegurarse de que sus proveedores, numerosos y geográficamente dispersos, les suministren componentes de calidad[91]. La extensión de la garantía debe estar acompañada de la exhibición del «precio de uso»[92]. La ecología política se encuentra aquí con un viejo problema: la dialéctica del «valor de uso» y el «valor de intercambio» analizada por Marx y antes que él por los economistas clásicos. Cuando uno compra un automóvil, no sabe cuánto le costará en total. Su precio corresponde a la transferencia de la propiedad del vehículo del concesionario al comprador. Pero el combustible que consumirá, las reparaciones más o menos numerosas y costosas, las primas del seguro, los eventuales accidentes, en suma, todo lo que cuesta un coche durante su ciclo de vida no está expresado en su precio. «El precio de uso», dice la ley Hamon, que fija un periodo de experimentación de la propuesta, «designa el valor comercial asociado al uso del servicio que presta un bien mueble y no a la propiedad de ese bien»[93]. Como buen socialdemócrata, Benoît Hamon confió esta experimentación a la buena voluntad de los industriales sin hacerla obligatoria. Resultado: nadie ha oído hablar del precio de uso.

Sin embargo, este concepto es un instrumento de gobernanza potencialmente radical. El precio exhibido de un artículo puede modificarse mientras al mismo tiempo se eleva su precio de uso. Con frecuencia estos dos precios son inversamente proporcionales. Un precio bajo es función de la ínfima calidad de los componentes y/o –ambas generalmente se dan juntas– de condiciones de trabajo desastrosas de los

---

[91] Véase Philippe Moati, «Étendre la garantie sur les biens a 10 ans», cit.

[92] Idem.

[93] Ley del 17 de marzo de 2014 relativa al consumo, capítulo II, sección 1, artículo 4, 4 [https://www.legifrance.gouv.fr/].

productores. Pero esa ínfima calidad, por supuesto, provoca costos de uso elevados. Además acrecienta el riesgo de que el bien tenga una vida útil más corta y de que el comprador deba comprar otro en breve plazo. En el caso de los bienes «desechables», hasta es el objetivo buscado. De ahí la idea de que exhibir el precio de uso podría despertar en el consumidor el deseo de pagar un poco más en el momento de la compra a fin de ahorrar costos elevados durante el ciclo de vida. Esto permitiría que los fabricantes, por su parte, incluyeran materiales de mejor calidad y ecológicamente sustentables en sus productos.

El cálculo del precio de uso depende de la duración de la vida «normal» del bien. Así como existe un «uso esperado» también existe una duración de vida esperada, que se calcula cuando se concibe una mercancía y que está incorporada en nuestras representaciones de los objetos que nos rodean. No esperamos que un frigorífico y un móvil tengan la misma vida útil. El ritmo promedio de renovación que los usuarios dan a su móvil es de unos veinte meses[94]. Cuanto más durable es el producto, tanto más bajo es su precio de uso pues, suponiendo que los demás factores sean iguales, el costo total del uso podrá dividirse en una mayor cantidad de años. Pero esto depende también de la naturaleza del bien. Si, al envejecer, un automóvil ocasiona gastos de reparación cada vez más elevados, el costo de uso estará por las nubes.

Exhibir el precio de uso consiste pues en abrir la caja negra de los precios. Hoy, cuando uno compra un alimento puede conocer su composición por los datos expuestos en la etiqueta: particularmente nutrientes y calorías. Esa información es más o menos exacta y completa, pero el principio está allí. No obstante, desconocemos todo de sus condiciones de producción, del salario de quienes lo producen o de los már-

[94] Véase Clément Chauvin y Erwann Fangeat, «Allongement de la duré de vie des produits», cit., p. 14.

genes de ganancia de los proveedores[95]. Esto es válido no solamente en el caso de los alimentos; en grados diversos se aplica a todas las mercancías. El «comercio justo» trata de forzar esta caja negra a fin de poner a disposición del consumidor la información relativa a los mecanismos de formación de los precios. Pero solo alcanza a un número limitado de bienes. A la exhibición del precio de uso debe agregarse información precisa sobre el conjunto del proceso de producción. Para ello hará falta imponer la obligatoriedad de un nuevo tipo de etiqueta que indique las condiciones de trabajo en que se ha producido el bien: salarios, horas de trabajo, respeto de la igualdad mujeres-hombres, etcétera. Cuando se trate de un bien durable deberá incluir además el costo estimado de su uso en el tiempo, que dará una señal relativa a la calidad de los materiales.

En el largo plazo, la conclusión lógica de la exhibición del precio de uso es lo que algunos llaman la «economía de la funcionalidad». En esta economía, lo que se vende son los usos y no ya los objetos. En otras palabras, ya no hay transferencia de propiedad de una persona a otra. Ya no compro un automóvil, compro tiempo de conducción. Es el principio del alquiler, generalizado a la totalidad de la economía. El valor de uso llega a ser entonces hegemónico en relación con el valor de intercambio. No es aún el socialismo, pero comienza a parecérsele.

Para llegar a él, hará falta que la propiedad de los bienes sea colectiva. Cuando uno alquila un coche, la empresa de alquiler posee el vehículo. Esto le da derecho a imponer condiciones y un precio de alquiler. Pero si el parque automotor fuera de propiedad social, los ciudadanos podrían tener un peso en la fijación de las condiciones y en el precio. La propiedad deja de ser privada, se vuelve común o pública y esto permite que se ejerza la democracia sobre sus usos.

---

[95] Véase Frank Cochoy, «La consommation *low cost*», *La Nouvelle Revue du travail* 12 (2018).

154

Para que sea posible concebir una transición de este género será necesario oponerse a las fuerzas sociales que sostienen el valor de intercambio. Son fuerzas poderosas. En esta perspectiva, la «economía de la funcionalidad» debe ir acompañada de un proyecto político capaz de movilizar grandes sectores sociales y, en primera fila, las clases populares.

CAPÍTULO V
Un comunismo del lujo

Hay que extender el anticapitalismo a los objetos. Es una condición de la desalienación. El capital concibe los objetos en función de las necesidades de la acumulación. Tiene la capacidad de lanzar al mercado pianos y aviones, es decir, bienes con una larga vida útil. Pero, esencialmente, su credo es la rotación rápida. A la inversa, hay que imaginar ontologías que no atribuyan la hegemonía a esta lógica o que disminuyan su dominio. Más que bienes durables hay que pensar en bienes emancipados. Estas ontologías tendrán un impacto en las necesidades. Tienen que impedir la entrada en «the Zone».

Un bien emancipado tiene cuatro características. Primero, es robusto. Evaluar la robustez de un producto supone tener en cuenta dos variables: en primer lugar, los problemas que genera, ¿son el resultado de su producción y de la finitud de su vida útil o también de su uso[1]? La producción de un vaso de plástico es ecológicamente costosa y el vaso, una vez utilizado, se transforma en desecho contaminante. Pero su uso mismo no genera ninguna molestia (al menos si se hace abstracción de los perturbadores endócrinos que contiene...). Un automóvil, por el contrario, tiene un costo ecológico en el momento de su producción y cuando va al desguace, pero también mientras se lo utiliza, pues el combustible emite gases de efecto invernadero.

---

[1] Véase Clément Chauvi y Erwann Fangeat, «Allongement de la durée de vie des produits», cit., pp. 9-10.

Luego hay que determinar si la tecnología que contiene una mercancía está equilibrada. Las innovaciones que disminuyen su huella ecológica, ¿podrán seguir desarrollándose en un futuro previsible? En el caso de los frigoríficos, por ejemplo, la tecnología parece no evolucionar más. Por lo tanto, se puede exigir que los frigoríficos duren varios decenios. En lo tocante a los automóviles o los móviles, en cambio, el ritmo de innovaciones continúa siendo elevado, sobre todo porque la inversión en I+D lo es. Los coches eléctricos y los *fairphones* distan mucho de ser perfectos, pero son menos nocivos que los vehículos de gasolina y los móviles estándar.

En los casos en que los avances tecnológicos permiten reducir la huella ecológica de una determinada mercancía, no es deseable prolongar su vida útil a cualquier precio. En general, es preferible reemplazar un viejo coche que consume demasiado combustible por un vehículo eléctrico. En realidad, lo deseable sería no reemplazarlo por ningún otro coche e imaginar formas de movilidad alternativas[2].

Tratándose de productos todavía sujetos a innovación tecnológica en materia ecológica, una vida útil demasiado larga podría incitar a sus propietarios a no reemplazarlos[3]. En ese sentido, sería contraproducente. Lo mismo podemos decir de ciertos bienes que solo tienen un costo ecológico cuando se los produce y cuando hay que desecharlos. Un diario de papel encerado no tiene ningún sentido pues su duración es corta: veinticuatro horas, hasta que aparezca la siguiente edición. En cambio, en el caso de los muebles, cuyo uso tampoco contamina, extender la garantía es lógico. La robustez, en todos los casos, consiste en adaptar los materiales al uso. Con la mayor

---

[2] Aun cuando lo más probable es que el automóvil continúe ocupando un lugar en los proyectos de movilidad futuros, incluso en los más exigentes desde el punto de vista de la ecología. Véase Asociación NégaWatt, *Manifeste négaWatt. En Route pour la transition énergétique!*, Arles, Actes Sud, 2015, pp. 151-152.

[3] Véase Clément Chauvi y Erwann Fangeat, «Allongement de la durée de vie des produits», cit., p. 47.

frecuencia, la durabilidad es la estrategia que se impone. Y para ello, nada mejor que prolongar el periodo de garantía. En materia ambiental, están las reservas y los flujos. La extracción de materiales (reservas) para producir bienes durables a veces provoca un aumento de perjuicios ambientales. Pero, por otro lado, puede disminuir la contaminación y el consumo de energía (flujo) durante el uso. También desacelera el ritmo de renovación de las mercancías en la medida en que el bien sea durable. La robustez de una mercancía debe evaluarse caso por caso. Es necesario que los organismos competentes, como el Ademe (la Agencia de Transición Ecológica), elaboren análisis del «ciclo de vida» de los productos. Tales análisis permitirán evaluar los perjuicios que provoca la mercancía en los diferentes «momentos» de su vida para poder decidir así qué debe producirse y qué no.

Un bien emancipado es desmontable. Cuando uno de sus componentes se descompone, el mismo propietario o un reparador puede reemplazarlo fácilmente. Hay que prestar particular atención al modo de ensamblado: atornillar y/o encastrar es preferible a pegar y a las estructuras «monobloc». Habrá que evitar el «exceso de calidad», esto es, los componentes deben tener aproximativamente la misma duración de vida pues de lo contrario uno de ellos corre el riesgo de ser desechado cuando aún está operativo. En ese caso, tiene que existir la posibilidad de reutilizarlo.

Las piezas de recambio deben estar disponibles al público por largo tiempo. En la era digital, la coordinación de la oferta y la demanda es fácil. El gigante de la distribución Walmart dispone de un programa de computación llamado «Retail Link»[4] que permite informar en tiempo real a los proveedores de sus tiendas –unas 12.000 en todo el mundo– del estado de las ventas de sus productos y así adaptar la producción con breves demoras. El tiempo de reacción entre venta y producción se reduce al mínimo. Este tipo de programa debe

---

[4] Véase el tutorial de Retail Link: https:/retaillink.tv/.

expropiarse y democratizarse pues podría contribuir a planificar la producción y la circulación de las piezas de recambio en gran escala y extenderse a toda la economía, pero a contracorriente, en el sentido de generalizar la reparación y la desaceleración de la renovación de las mercancías.

Un corolario de la desmontabilidad es la modularidad. Cuando un bien está compuesto de varias entidades y no solamente de muchos componentes, cada una de ellas debe ser utilizable y reemplazable separadamente. Un ordenador como el que estoy utilizando para escribir este libro está formado por una pantalla, un teclado y un disco rígido. Esos módulos deben seguir siendo combinables con otros.

Un bien emancipado se caracteriza por su interoperabilidad. Los componentes y los programas de software deben ser compatibles en el plano tecnológico con los de otras marcas. Ejemplo clásico: el cargador del móvil. En 2017, después de diez años de debates en el Parlamento europeo, una coalición de asociaciones de consumidores y de diputados ecologistas y de izquierda impusieron a todos los fabricantes –exceptuado el iPhone– un cargador «universal». Esta medida por sí sola ha conseguido disminuir hasta 50.000 toneladas de desperdicios electrónicos por año[5]. Como la escasez de las piezas de recambio, los frenos a la interoperabilidad son una estrategia de los fabricantes que apunta a mantener a sus clientes en un estado de cautividad técnica.

La estandarización a menudo tiene connotaciones negativas, pero también puede tener aspectos virtuosos. Lo que supone un problema no son tanto los estándares en sí mismos sino el tipo de prácticas a las que están asociados, el grado de restricción que ejercen, sobre quién y con qué fin. Ivan Illich habla de tecnologías «amigables»: las que no predeterminan sus usos[6]. En definitiva, importa poco que un bien esté o no

---

[5] Véase «Vos téléphones auront un chargeur unique en 2017», *Le Parisien*, 14 de marzo de 2014.

[6] Ivan Illich, *La Convivialité*, París, Seuil, 2014.

estandarizado, la verdadera cuestión estriba en saber si ese bien aumenta o disminuye la autonomía y la creatividad de la persona. El uso cotidiano de mi automóvil en los atascos es alienante y ecológicamente nefasto, pero también me permite descubrir nuevos horizontes durante mis vacaciones. Parece que André Gorz adoraba su coche[7].

Por último, un bien emancipado es evolutivo. Integra en su concepción las evoluciones tecnológicas futuras concernientes a uno de sus componentes –la batería de un coche eléctrico, por ejemplo– o al conjunto. Las verdaderas rupturas tecnológicas son raras. Los departamentos de *marketing* de las empresas tienen la misión de hacernos creer que cada microinnovación es la puerta de entrada a un nuevo mundo. Las conferencias de prensa –las *keynotes*– de Steve Jobs y luego de Tim Cook, que preceden el lanzamiento a la venta del último iPhone, son el caso emblemático de esta estrategia. Pero son engañosas. En esta materia, el progreso técnico es más bien gradual (o adicional) que revolucionario.

Los anglosajones hablan de *retroffiting* para designar la práctica de agregar nuevas prestaciones a sistemas antiguos. El capitalismo lo hace con ciertos bienes. Consciente de la evolución rápida de los biocarburantes y de la escasez de petróleo que se anuncia, el ejército estadounidense desarrolla ahora vehículos con la capacidad de funcionar con carburantes que aún no están completamente operativos[8]. La innovación –en este caso, energética– se integra por partes, lo cual permite prolongar la duración de la vida del conjunto. Pero son procesos que deben anticiparse, de modo tal que la innovación sea *path dependent*, que siga el sendero fijado, como dicen los economistas: se innova dentro del marco impuesto por la anticipación, lo que hace que

---

[7] Véase Willy Gianinazzi, *André Gorz*, cit., pp. 181-182.

[8] Christine Parthemore y John A. Nagel, «Fueling the future force: preparing the Department of Defense for a postpetroleum era», Center for a New American Security, 27 de septiembre de 2010 [https:/cnas.org/].

la innovación sea menos aleatoria. Contrariamente a lo que sugieren los industriales, que la miran con hostilidad, la prolongación de la duración de la garantía –así como todas las demás iniciativas destinadas a que los bienes duren más– no es en modo alguno incompatible con la innovación.

Robustez, desmontabilidad, interoperabilidad y evolución. Estas cuatro características de los bienes emancipados tienden a una misma meta: que los objetos nos parezcan menos inescrutables. Entonces, la relación de fuerzas entre el valor de uso y el valor de intercambio tendrá una oportunidad de inclinarse a favor de la primera. Esto no implicaría, por supuesto, abolir la propiedad privada y las desigualdades que la acompañan pero se habría dado un primer paso en dirección a un mundo poscapitalista.

UN LUJO PARA TODOS

Los bienes emancipados abren la vía a un comunismo del lujo. ¿Un qué? Un comunismo de lujo, el lujo para todos, sin distinción de clase: una vieja idea que se remonta a la Comuna de París...

¿Qué es el lujo? En primer lugar, hay que distinguirlo de los objetos de «alta gama» con que a veces se lo confunde[9]. Los objetos de «alta gama», como su nombre lo indica, se sitúan en lo alto, en oposición a los de «baja gama». Un coche de alta gama, por ejemplo, irá más rápido, tendrá mejor adherencia en la carretera y será más seguro para sus ocupantes. Estas características derivan de la concepción y de los materiales: más robustos y tecnológicamente de punta. Su precio es más elevado, pero la relación calidad/precio es favorable. La robustez de los materiales implica que por lo general tendrá una vida útil más larga.

---

[9] Philippe Steiner, *Donner… Une histoire de l'altruisme*, París, Presses Universitaires de France, 2016, pp. 248-250.

El producto de lujo, por su parte, está «fuera de gama», escapa a la comparación. Es el único miembro de su liga: raro y singular. Las marcas protegen hábilmente esta cualidad. El objetivo del mercadeo de lujo es evitar la «trampa de la banalización», esto es, la democratización del bien. El producto de lujo es intemporal, no sigue los ciclos de la moda. Está acompañado de una forma de gratuidad –en el sentido de un acto gratuito, arbitrario–, pues su precio no tiene ninguna relación con los materiales que lo componen. «Pagas la marca», como se dice corrientemente. Esta «gratuidad» inscribe el lujo en el registro de la irracionalidad económica, de lo inconmensurable, antes que del cálculo. El «aura», en el sentido de Walter Benjamin, que el bien de lujo se esfuerza por arrebatar a la obra de arte. Esta, sin embargo, no es rara sino única, salvo que se vuelva íntegramente reproductible gracias a la técnica. Siguiendo los pasos de Benjamin, Pierre Bourdieu muestra que los efectos simbólicos producidos por el modisto y su «marca» corresponden a la magia[10]. El lujo no sabe de crisis: desde 2010, el sector crece un 10 por 100 cada año, mucho más rápido que el crecimiento mundial[11]. La financiarización del capitalismo, la aparición de las elites globales –el famoso «1 por 100»– han favorecido esa expansión.

Si el lujo es raro, singular, la idea de un comunismo del lujo parece ser una contradicción en los términos. Si es algo que sirve para distinguirse, ¿cómo podría ser común? Este es el género de contradicción sobre el que convendría reflexionar profundamente pues de su resolución depende la transformación de los modos de vida y el surgimiento de una estructura de las necesidades universalizable que permita hacer frente a la crisis ambiental. El comunismo del lujo es una alternativa a lo

---

[10] Véase Pierre Bourdieu e Yvette Delsaut, «Le couturier et sa griffe: contribution à une theorie de la magie», *Actes de la recherche en sciences sociales* 1/1 (1975) [ed. cast. en Isabel Jiménez (comp.), *Pierre Bourdieu, capital simbólico y magia*, México, Siglo XXI de México, 2014].

[11] Philippe Steiner, *Donner...*, cit., pp. 245-246.

lógica individualista del mercado y a las destrucciones ambientales que disemina inexorablemente a su paso desde hace dos siglos[12]. La idea de un comunismo de lujo se remonta a la Comuna de París. Aquella experiencia política, aunque apenas duró dos meses, decididamente tiene aún muchas cosas que enseñarnos. Los partidarios de la Comuna lo llamaron el «lujo comunal»[13]. El manifiesto de la Federación de Artistas de París de abril de 1871, redactado por Eugène Pottier –el autor de la letra de *La Internacional*– concluye con estas palabras: «El comité contribuirá a nuestra regeneración, a la inauguración del lujo comunal y los esplendores del futuro y a la instauración de una República universal». Una república universal fundada en el lujo comunal: este era todo el proyecto de la Comuna.

El programa de la Federación de Artistas se apoya en dos puntos. Se trata primero de sustraer el arte de la esfera del mercado. Valor artístico y valor económico remiten a realidades distintas, pero el segundo avanza aún demasiado sobre el primero. A menudo, la calidad de una obra corresponde a lo que vale en el mercado. La abolición del mercado del arte está en la orden del día: ya no se venderán ni se comprarán obras de arte.

Segundo objetivo: recusar la distinción entre las «bellas artes» y las artes llamadas «decorativas». Estas últimas remiten a lo útil y a lo cotidiano. Aquellas, por el contrario, están supuestamente en contacto íntimo con lo bello y nos hacen sustraernos de lo común y corriente. Pero, ¿de dónde viene esta división? Si se nos propone salir hacia lo imaginario ¿no es justamente porque lo común y corriente es insoportable? Si dejara de ser insoportable, como se esforzaron por lograrlo

---

[12] Ciertos representantes de la corriente «aceleracionista» han empleado la expresión «comunismo del lujo», en un sentido diferente del utilizado aquí. Sobre una presentación, véase Brian Merchant, «Fully automated luxury communism», *The Guardian*, 18 de marzo de 2015.

[13] Véase Kristin Ross, *Communal Luxury. The Political Imaginary of the Paris Commune*, Londres, Verso, 2016 [ed. cast.: *Lujo comunal. El imaginario político de la comuna de París*, Madrid, Akal, 2015].

los partidarios de la Comuna ¿el ciudadano no terminaría renunciando a «evadirse» a través del arte? La distinción entre artes decorativas y bellas artes es arbitraria pues las primeras también corresponden a la estética. Uno de los fundadores del diseño moderno, William Morris –un gran defensor de la memoria de la Comuna– desarrollará todo su trabajo en esta perspectiva. El diseño se encuentra en el cruce de las bellas artes y las artes decorativas.

Estas dos líneas del programa de la Federación convergen hacia un objetivo: reducir la división entre el arte y la vida. La autonomización de la esfera artística, la idea de que funciona siguiendo «reglas del arte» específicas, es una invención moderna[14]. Contra los monumentos oficiales, los museos y salones en donde se encierra a los artistas, los partidarios de la Comuna apelan a un arte que inviste el espacio público y termina por confundirse con él. El municipio, porque puede manejarse democráticamente, es el nivel apropiado, de ahí la idea de un lujo *comunal*, municipal.

Estrechar la división entre el arte y la vida supone una crítica de la noción misma de obra de arte. Detrás de la obra, siempre está el artista, concebido como un hombre –rara vez una mujer– de excepción. Si la Comuna quiere «cambiar la vida», según la expresión de Arthur Rimbaud –cuya poesía estuvo inspirada por la Comuna[15]–, lo que hay que valorar es el proceso creativo mismo, más que su resultado. Se trata de democratizar las condiciones de la creación y de acrecentar así la cantidad de artistas dentro de la sociedad hasta que cada ciudadano devenga un artista, hasta que el campo artístico, entendido como campo autónomo, se disuelva en la vida social y que proliferen los artistas sin obras[16].

---

[14] Véase Pierre Bourdieu, *Les Règles de l'art*, cit.

[15] Kristin Ross, *The Emergency of Social Space. Rimbaud and the Paris Commune*, Londres, Verso, 2007 [ed. cast.: *El surgimiento del espacio social. Rimbaud y la Comuna de París*, Madrid, Akal, 2018].

[16] Véase Jean-Yves Jouannais, *Artistes sans œuvres. I Would prefer not to*, París, Verticales, 2009.

Numerosas vanguardias del siglo XX reivindicarán como propio ese proyecto de abolición de la división entre el arte y la vida. Es el caso de los artistas rusos que aparecen alrededor de la revolución bolchevique[17]. Decía Maiakovski en 1918: «¡Las calles son nuestros pinceles, las plazas nuestras paletas!». En la segunda mitad del siglo XX, la «crítica de la vida cotidiana» desarrollada por Henri Lefebvre y los situacionistas también se inscribe en este nuevo cuestionamiento de las fronteras entre el arte y la vida[18].

La democratización del arte, su convergencia con la vida, dará lugar a una nueva manera de sentir las cosas. Se recobraran la textura, la densidad, la plegabilidad, la resistencia de los objetos, todas características que los no artistas han olvidado[19]. La rotación rápida de las mercancías es el olvido de las cosas y sus cualidades. El reencantamiento artístico de lo cotidiano pasa por los objetos. Nada impide, más bien todo lo contrario, que esta nueva manera de sentir las cosas integre los avances tecnológicos más recientes (siempre que sean mínimamente sostenibles en el plano ecológico). En muchos casos, esos avances contribuyeron a la democratización de bellos objetos.

Lo importante aquí es que, en el espíritu de los defensores de la Comuna, la consigna del lujo comunal debe combatir la acusación de «miserabilismo» que les endilgaban los de Versalles. Para los reaccionarios, los partidarios de la Comuna son «repartidores» cuyo objetivo es repartir la miseria. Una sociedad igualitaria es forzosamente una sociedad de la pobreza y la escasez. A lo cual los de Versalles oponen el lujo y la belleza, por su esencia no igualitarias. Con ese postulado, los partidarios de la Comuna declaran: ¡el lujo para todos! La lección que dejan es la siguiente: solo hay verdadero valor en un lujo democratizable.

---

[17] Véase Richard Andrews (comp.), *Art into Life. Russian Constructivisme, 1914-1932*, Nueva York, Rizzoli, 1990.

[18] Véase Andrew Merrifield, *Metromarxism. A Marxist Tale of the City*, Londres, Routledge, 2002.

[19] Kristin Ross, *Communal Luxury*, cit., p. 137.

¿Qué «lujo comunal» se puede imaginar en el contexto de la crisis ambiental? Nuestra situación ya no es la de los defensores de la Comuna. Nosotros sabemos que numerosos recursos naturales están tendiendo a la escasez. Sabemos que el productivismo y el consumismo capitalistas destruyen el planeta y nos obligan a optar por alguna forma de sobriedad. Repartir el lujo, ¿no equivale a hacer el capitalismo aún más insostenible? El lujo, ¿puede ser ecológico? ¿Nos queda algo más para repartir además de la miseria y la escasez?

El comunismo del lujo no significa que los productos más costosos vayan a volverse accesibles para todos. Esto no es la «banalización» del lujo, la que hace perder el sueño a los especialistas en *marketing* de ese sector. Los partidarios de la Comuna no tenían interés en la ostentación versallesca; defendían otra concepción del lujo, una concepción comunal. Se trata sin duda de lujo: bello y singular, irreductible a una función de utilidad. Y que corresponde a la lógica del don –del *potlatch*, dirían los situacionistas–, más que al cálculo. Pero, a sus ojos, no se encarna en bienes onerosos, antiguos o nuevos. Se confunde con la vida, poblada a su vez de objetos; es lujo verdadero.

El proyecto de la Comuna de abolir la división entre arte y vida es la expresión de su igualitarismo. Si el arte es una esfera separada, contribuir al arte y disfrutar del arte es desigualitario. Hay que ser artista o mecenas para evolucionar en esa esfera y dominar sus reglas. Si en cambio, se acerca esa esfera a la vida, si se la incorpora a la vida, todos pueden contribuir en partes iguales. La creación pasa a ser una manera de ser más que una profesión, un proceso más que un resultado.

Ahora bien, esta manera de ser no tiene ninguna oportunidad de florecer en el seno de un sistema fundado en la rotación rápida de las mercancías. El mercado segmenta todo, valoriza (económicamente) todo: tanto los bienes de consumo como las obras de arte. Por lo demás, es incapaz de imponerse límites en la explotación de los recursos. El productivismo y el consumismo capitalistas suponen que permanentemente hay que lanzar al mercado objetos nuevos, sin tener en cuenta ninguna otra consideración.

Una civilización material emancipada de esa lógica es la condición necesaria para que pueda darse el comunismo del lujo, que es, a su vez, el fundamento de una sociedad sostenible, en ruptura con el mercado. Bienes sólidos, desmontables, interoperables y evolutivos: esta es *la infraestructura de la igualdad*. La igualdad no se decreta, se construye. Más precisamente, tiene condiciones materiales de posibilidad, que deben desembocar en las necesidades universalizables. Una verdadera concepción materialista de la igualdad parte de ese principio.

Esta infraestructura de la igualdad prescindirá de las lógicas de distinción. La distinción en el sentido de Veblen y de Bourdieu: consumir para existir socialmente, para exhibir una posición social real o supuesta. La distinción pasa particularmente por la posesión de lo más antiguo y de lo más nuevo. Lo muy viejo: joyas o muebles transmitidos de generación en generación, con los cuales embellecer un apartamento también antiguo. Lo muy nuevo: el último modelo de móvil o de coche, comprado en el momento en que sale al mercado, es decir, cuando es más caro.

Durante el Antiguo Régimen, esta lógica de la distinción ya existe pero se sustenta en la pertenencia a un orden: la nobleza. El nacimiento es lo que determina si alguien es distinguido o vil. En la época moderna, cuando la estructura social se fluidifica (relativamente), el consumo pasa a ser un medio –entre otros– de exhibir una identidad de clase. Llega a ser más precisamente un contrapeso a la movilidad social. De ahí la importancia de los bienes de lujo para las clases dominantes.

Al desacelerar el ritmo del lanzamiento de productos al mercado, se desactiva la distinción por lo muy nuevo. Cuantas menos mercancías nuevas haya, habrá menos ocasiones de distinguirse por medio de ellas. Además, se impide que los productos de alta gama, por lo tanto durables, queden reservados a una elite de consumidores y que la plebe deba contentarse con bienes desechables. ¡Bienes duraderos para todos! Esto no hará que desaparezca la distinción que presta lo muy antiguo pero con el tiempo irá retrayéndose en virtud del avance de la igualdad.

Para contrarrestar la individualización mercantil y sus efectos sociales y ambientales, hay que equilibrar el sistema de los objetos. Entonces el lujo ya no se opondrá a la igualdad ni tampoco a la sobriedad. El lujo del futuro obtendrá de este equilibrio recobrado una frenética creatividad, una creatividad fundada en la actividad de un número creciente de artistas que, a la larga, será igual al número de ciudadanos. Con esta condición, lejos de una distribución de la miseria, la transición ecológica puede ser una fiesta.

Sin embargo, antes de la fiesta, habrá que realizar algún trabajo: un trabajo político. El comunismo del lujo, la instauración de una estructura de necesidades universalizable no surgirán con solo chasquear los dedos. Suponen la construcción de coaliciones que tengan interés en su advenimiento y que, para ello, establezcan con los pudientes una relación de fuerzas más equilibrada. Pero, ¿de qué coaliciones estamos hablando? En el capitalismo del siglo XXI, ¿con qué sectores sociales se puede contar? ¿Cómo organizarlos?

CAPÍTULO VI

La política de las necesidades

NUEVAS ALIANZAS

La creación de nuevas alianzas entre el movimiento ecologista y el movimiento obrero o lo que queda de él –las organizaciones políticas y sindicales a que dio origen– es una de las grandes apuestas de nuestro tiempo. La división entre estos dos movimientos ha estructurado el campo político de la segunda mitad del siglo XX, tanto en los países del Sur como en los del Norte, según modalidades propias de cada región. Correspondió a los sindicatos la defensa del empleo y de la industria que lo genera, a veces, con exclusión de otro tipo de preocupaciones. Y a las organizaciones ecologistas, la lucha contra las contaminaciones, los riesgos industriales y otros efectos nefastos de la actividad económica o la lucha por el acceso a los recursos naturales.

Históricamente, el sindicalismo se construyó partiendo de la creencia en los efectos benéficos del desarrollo de las «fuerzas productivas» y en sus consecuencias positivas para la condición salarial. Esto fue particularmente verdadero en el caso de la CGT en Francia. El periodo que va de 1936 a 1945, del Frente popular al programa del Consejo Nacional de la Resistencia, es determinante en la formación de su identidad programática. En 1946, finalizada la guerra, el sindicato dedica un documento a la reactivación del aparato productivo del país en el que figura, connotada positivamente, la idea de «someter la naturaleza» al servicio de esa revitalización[1].

---

[1] Véase Renaud Bécot, «L'invention syndicale de l'environnement dans la France des années 1960», *Vingtième Siècle* 113/1 (2012), p. 171.

Una lectura «productivista» del marxismo, influyente en el siglo XX, fue decisiva. Y lo fue más por el hecho de estar adosada al modelo soviético que supuestamente había hecho proezas en la materia, milagros estajanovistas que, ahora lo sabemos, ocasionaron devastaciones ambientales de gran magnitud.

Cuando hablamos de la división entre el sindicalismo y las cuestiones ambientales tenemos que marcar algunos matices pues el vínculo entre ellos es más complejo. Primero, los asalariados y sus organizaciones son conscientes de los riesgos industriales. Y con justa razón, pues ellos son las primeras víctimas. La preocupación ambiental pasa a menudo fundamentalmente por las amenazas que penden sobre la salud de los asalariados. Los sindicatos toman conciencia de las temáticas ecológicas en el transcurso de los años sesenta. Si bien algunas fracciones importantes del sector desconfían de los ecologistas, el movimiento obrero no es sistemáticamente hermético a las ideas que estos defienden, sobre todo cuando se suman a la preocupación por el riesgo profesional.

Progresivamente, los sindicatos van incorporando ciertas temáticas ecológicas a sus luchas, particularmente a través de la noción de «marco de vida»[2]. El «marco de vida» no es solamente el tiempo fuera del trabajo, fuera de las horas en que se produce el valor. Es un concepto que además permite reflexionar sobre el vínculo entre el trabajo y el tiempo libre, cuestionar la separación entre ellos y considerar al trabajador en sus otros aspectos, no solo el de ser un asalariado. En este contexto, se instalan poco a poco las consideraciones relativas a la «calidad de vida» y, por lo tanto, al medioambiente. No obstante, son ideales que distan mucho de ser estructurantes en el imaginario del movimiento obrero de la segunda mitad del siglo XX.

---

[2] Danielle Tartakowsky, «La CGT, du hors-travail au "cadre de vie"», en Joel Hedde (comp.), *La CGT de 1966 à 1984: l'empreinte de mai 1968*, Montreuil, Institut CGT d'histoire sociale, 2009.

La crisis ambiental requiere una convergencia más profunda de esos dos movimientos. Las primeras víctimas de esta crisis son las clases populares[3]. ¿Quiénes sufren hoy de lleno el impacto de las contaminaciones, de las catástrofes naturales o de las alteraciones de la biodiversidad? Ciertamente esta es una crisis de dimensión universal, en el sentido de que afecta de una manera u otra al conjunto de la humanidad, pero sus efectos están distribuidos de manera muy desigual pues los dominados la sufren en una proporción exorbitante.

Imaginar una salida a la crisis ambiental supone construir una coalición de sectores sociales que tengan interés en un cambio radical. Todo movimiento social supone un «perjuicio», que una parte de la sociedad inflige a otra[4]. El o los sectores que son víctimas del daño se ponen en movimiento y reclaman una reparación material y/o simbólica. La idea de un movimiento social que abarque a toda la humanidad es una contradicción en sí misma.

Esta es la razón por la cual el discurso ecologista *mainstream*, fundado en la idea de que la humanidad debe «superar sus divisiones» para encontrar soluciones a la crisis ambiental, tiene grandes probabilidades de ser inoperante. Ese discurso nunca plantea la cuestión de las condiciones políticas concretas de su realización. Para que aparezca un comienzo de solución a la crisis, el conflicto de clases debe profundizarse. Por un lado, están los que tienen interés en el cambio y, por el otro, los que están interesados en conservar el *statu quo*.

Esta coalición de sectores sociales incluirá los movimientos ya comprometidos con las luchas ambientales. Pero con ellos solos no basta. Tiene que darse además una convergencia con las organizaciones surgidas del movimiento obrero.

---

[3] Véase Éloi Laurent, «Reconnaître, en France, l'inégalité et la justice environnementales», *Actuel Marx* 61/1 (2017).

[4] Véase Jacques Rancière, *La Mésentente. Politique et philosophie*, París, Galilée, 1995 [ed. cast.: *El desacuerdo. Política y filosofía*, Buenos Aires, Nueva Visión, 1996].

Está claro que estas tienen interés en la transición ecológica porque, justamente, las clases populares son las primeras víctimas de la crisis ambiental.

En los países del Sur –China, India, Sudáfrica, Brasil...– emergen en estos momentos potentes clases obreras que van a construir organizaciones que les permitan hacer valer sus derechos. A diferencia del movimiento obrero europeo de los siglos XIX y XX, estas clases obreras se forman en el contexto de la crisis ambiental, lo que deja abrigar la esperanza de que adopten la ecología como un aspecto central de sus reivindicaciones.

Insistir en señalar las «desigualdades ambientales» es una manera de favorecer la convergencia entre movimiento ecologista y movimiento obrero[5]. La lucha contra las desigualdades es el fundamento del movimiento obrero, en el sentido de que ese movimiento apareció en el siglo XIX con el propósito de combatirlas. Hablar de «desigualdades ambientales» supone sencillamente agregar una dimensión a las desigualdades de las que tradicionalmente se ha hecho cargo el movimiento obrero: la dimensión ambiental. El lenguaje de las desigualdades ambientales tiene, por consiguiente, grandes posibilidades de servir de «pasarela» entre ambos movimientos.

EL CONSUMIDOR COMO PRODUCTOR

La necesidad de hibridar el movimiento obrero y el movimiento ecologista tiene además otra urgencia: lograr la convergencia de productores y consumidores. La transición ecológica y la superación del capitalismo que implica, suponen actuar simultáneamente en la esfera productiva y en la del consumo, contra el productivismo y el consumismo. Para ello, hay que imaginar una forma de organización arraigada en ambas esferas.

---

[5] Véase Razmig Keucheyan, *La nature est un champ de bataille*, cit., cap. 1.

174

La buena noticia es que hay que partir de cero. En el pasado ya hubo convergencias entre organizaciones de productores y de consumidores. En los países industrializados, como vimos, las primeras asociaciones de consumidores se formaron a fines del siglo XIX y comienzos del XX y ya entonces estaban atravesadas por una tensión: el consumo, ¿es una esfera autónoma o está inextricablemente enlazada con las cuestiones relativas a la producción?

En Estados Unidos, esta tensión se observa en la oposición entre las dos primeras asociaciones de consumidores: Consumers Research (CR) y Consumers Union (CU)[6]. La primera considera el consumo como una esfera autónoma, que debe distinguirse claramente de los asuntos relacionados con la producción. Corresponde a las asociaciones de los consumidores regular la demanda y a los sindicatos, regular el sector productivo: derecho al trabajo, salarios, salud de los asalariados, trabajo infantil...

La principal actividad de CR es *testear*, o sea, evaluar la calidad de las mercancías basándose en métodos imparciales presentados como «científicos». Por ejemplo, atribuye una nota a las diferentes marcas de jabón y luego da a conocer esa clasificación a los consumidores a quienes percibe como decisores racionales que necesitan datos para tomar sus decisiones. CR se entrega además al *lobbing* para defender los derechos del consumidor (en materia de garantía, por ejemplo) y denuncia también la publicidad engañosa a la que apelan a veces las marcas.

A mediados de los años treinta, ese modelo deja insatisfecha a una parte creciente de los adherentes a CR. En 1935, se produce una escisión que desemboca en la creación de CU. Las actividades de la Unión de Consumidores son del mismo orden que las de CR: testear, hacer *lobby* y denunciar la publicidad engañosa. *Consumers Union Report*, su periódico, propone encuestas de calidad a sus lectores. Pero para los miem-

---

[6] Hayagreeva Rao, «Caveat emptor: the construction of nonprofit consumer watchdog organizations», cit., pp. 934-940.

bros de CU, el consumo es una actividad inseparable de la problemática de la producción. Mediante el boicot o el *buycott* (comprar según criterios justos en lugar de no comprar), el consumo constituye una palanca que sirve para obtener ventajas para los trabajadores: aumento de salarios, reducción del tiempo de trabajo, mejora de las condiciones sanitarias, lucha contra las prácticas antisindicales... Todo ello en estrecha colaboración con los sindicatos, pero utilizando el arma que representa a partir de entonces el consumo. En la sociedad de consumo emergente, el consumidor tiene un poder y debe utilizarlo no solamente para obtener los mejores productos, sino también por el bien común, que comienza por el de los trabajadores.

Pero Consumers Union va aún más lejos: para sus militantes, el consumidor es un trabajador. En la documentación que pone en circulación en los años treinta utiliza habitualmente la expresión «consumidor-productor». Simplemente, el trabajador y el consumidor se sitúan en puntos diferentes del ciclo de la mercancía. Por supuesto, el interés del trabajador y el del consumidor no siempre son idénticos. Bajar el precio de los bienes a menudo pasa por reducir salarios. Pero el objetivo es construir los problemas políticos de manera tal que converjan. Sobre todo, trabajador y consumidor deben ver en el capitalismo el adversario común.

Durante los años treinta se vive el ascenso de las luchas sindicales –el *crack* de 1929 está aún muy presente–, lo cual explica ese acercamiento entre las asociaciones de consumidores y las organizaciones sindicales. Huelga antes que boicot: las clases dominantes tiemblan aún hoy ante la idea. Lejos de ser una invención de las elites esclarecidas guiadas por Roosevelt, el New Deal se instauró bajo la presión de estas luchas.

CU juzga que el aumento del costo de vida es una forma distorsionada de explotación, una forma de extorsión de la plusvalía. El capitalismo capta la plusvalía en la fábrica pero también extrae parte del salario de los obreros al aumentar los precios, particularmente los de los bienes de primera necesidad[7]. En suma, que gana dos veces. En Cleveland, en 1910, sindicatos y asociaciones de consumidores organizan conjuntamente un boicot a la carne durante treinta días para denunciar que su precio es demasiado elevado[8]. Exigen que baje y, al mismo tiempo, que se revaloricen los salarios de los empleados de los mataderos.

En Francia se crea en 1902 la Liga Social de Compradores (LSA)[9]. Sus fundadores, que en realidad fueron fundadoras, eran afines al catolicismo social y con frecuencia de extracción noble o burguesa. El hecho de que en las primeras asociaciones de consumidores predominaran las mujeres se explica porque el consumo era entonces en gran medida asunto de mujeres pero también porque, en aquella época, aún no existía el voto femenino[10]. Las mujeres se comprometen políticamente en un ámbito que ya estaban autorizadas a priori a ocupar.

La cuestión del «salario justo» y de las condiciones de trabajo ocupa un lugar central en las reivindicaciones de la LSA. Su documento fundador dice que quiere:

> [...] desarrollar el sentimiento y la responsabilidad de todo comprador respecto de las condiciones de los trabajadores [y] suscitar, por parte de los proveedores, mejoras en las condiciones de trabajo[11].

---

[7] Siguiendo a James Steuart, Marx analiza este mecanismo apelando al concepto de «beneficios sobre la alienación». Véase Costas Lapavitsas, *Profiting without Producing. How Finance Exploits Us All*, Londres, Verso, 2014, cap. 6 [ed. cast.: *Beneficios sin producción. Cómo nos explotan las finanzas*, Madrid, Traficantes de Sueños, 2016].

[8] Hayagreeva Rao, «Caveat emptor: the construction of nonprofit consumer watchdog organizations», cit., p. 923.

[9] Véase Marie-Emmanuelle Chessel, «Consommation, action sociale et engagement public fin de siècle, des Étas-Unis à la France», en Alain Chatriot, *Au nom du consommateur*, cit.

[10] Véase Marie-Emmanuelle Chessel, «Aux origines de la consommation engagée: la Ligue Sociale d'acheteurs (1902-1914)», *Vingtième Siècle* 77 (2003), p. 95.

[11] Citado por *ibid.*, p. 97.

Estas organizadoras no conciben la acción de la LSA como una actividad caritativa sino que quieren establecer un vínculo con los sindicatos. La LSA inaugura –en realidad, importa de Estados Unidos– un repertorio de acciones innovadoras. Se dedica a hacer encuestas discretas en los talleres o las grandes tiendas a fin de observar las condiciones de trabajo de las vendedoras. El final del siglo XIX es la gran época de las «encuestas obreras», practicadas por los primeros sociólogos y por el mismo Karl Marx, quien al final de su vida, en 1880, publica un texto con ese título: encuesta obrera[12].

La LSA establece así «listas blancas» destinadas a las consumidoras en las que las invitan a emplear su poder de compra como arma política. En Estados Unidos se asignan «sellos de calidad sindicales». Aunque en Francia también se instauran, su difusión en este país es muy menor, salvo en algunos sectores precisos como la industria del libro[13]. Mucho más que los sellos de calidad «sociales», estas etiquetas dan testimonio de la presencia de los sindicatos en las fábricas y en las tiendas. Los sellos de calidad sindicales inscriben la lucha de clases en el cuerpo de las mercancías.

Siguiendo esa línea, la LSA alienta a las consumidoras a no comprar después de las 17 los sábados y a no pedir que les entreguen mercancías en su domicilio al atardecer con el propósito de ayudar al personal de las tiendas en su relación de fuerzas con el empleador. Las acciones de LSA no dejan de tener cierto tufillo moralizador y paternalista («maternalista» sería más exacto). La democratización del consumo, que solo estaba comenzando en la Belle Époque, suscita en sus representantes de la burguesía un sentimiento de inquietud en cuan-

---

[12] El texto de «La encuesta obrera» está disponible en francés en https://www.marxists.org/francais/marx/works/1880/04/enquete.htm [ed. cast.: «La encuesta obrera de 1880», *Pasado y presente* 9/3 (1965), pp. 79-83].

[13] Véase Jean-Pierre Le Crom, «Le label sindical», en Jean-Pierre Le Crome (comp.), *Les Acteurs de l'histoire du droit du travail*, Rennes, PUR, 2004.

to a la «corrupción» moral a que podría dar lugar. Pero eso no impide que la LSA milite a favor de la intervención del consumidor en la oposición entre el capital y el trabajo. Literalmente, el consumidor pasa a ser entonces un productor. Por medio de su activismo, influye en el nivel de la plusvalía.

¿Por qué cesaron esas convergencias precoces entre asociaciones de consumidores y productores? En Estados Unidos, desde los años treinta, se acusa a la CU de «comunista». Y con justa razón: muchos de sus adherentes y dirigentes, afiliados o no al Partido Comunista, son anticapitalistas radicales. En 1938, la comisión parlamentaria de lucha contra las «actividades antiestadounidenses» *(un-american activities)*, llamada «Dies committee» (por uno de sus presidentes, Martin Dies), pone la CU bajo observación. En la década de los cincuenta, durante el periodo macartista, sus responsables fueron citados en varias ocasiones para justificarse ante la comisión.

Los grandes periódicos, con el *New York Times* a la cabeza, se niegan a publicar los anuncios de la CU que intentan denunciar las prácticas antisindicales de los industriales por temor a perder ingresos publicitarios. La presión ejercida contra ella hace que la asociación, a resultas de ásperas luchas internas, se vuelva poco a poco más juiciosa y menos combativa.

En 1954 es eliminada de la lista de organizaciones sospechosas de comunismo[14]. En los sesenta, Ralph Nader, máximo dirigente de una asociación de consumidores de nuevo estilo, influido por los movimientos de los derechos civiles y la oposición a la guerra de Vietnam, dirá de la CU que es un «gigante dormido».

En Francia, el Estado impone la separación entre productores y consumidores. En la década de los cincuenta, para obtener su autorización, las asociaciones de consumidores deben ser independientes de toda organización profesional, por

---

[14] Hayagreeva Rao, «Caveat emptor: the construction of nonprofit consumer watchdog organizations», cit., p. 945.

lo tanto, también de los sindicatos[15]. Este es pues el fruto de una política deliberada que tenía como fondo la Guerra Fría. En la posguerra, el Estado crea ministerios y organismos de regulación del consumo que tienen necesidad de interlocutores. En ese contexto, los «actores del consumo» se especializan. Para hablar en el lenguaje de Bourdieu, adquieren progresivamente «capitales» específicos que hacen valer en un campo social que se ha vuelto autónomo[16].

La separación entre productores y consumidores corresponde a una tendencia de fondo del capitalismo; hasta es una de las características de ese sistema[17]. Antes de que surja el capitalismo, el productor –agricultor, artesano, pequeño fabricante precapitalista– consume lo que produce. Por supuesto, se engendran excedentes que se ponen en circulación en los mercados, pero el principio fundamental es el de la no separación. Con el capitalismo se impone la apropiación privada de los medios de producción, la competencia entre capitales, la constitución de un mercado del trabajo asalariado y, como consecuencia, una desconexión de las esferas de la producción y del consumo, que desde entonces no ha cesado de profundizarse.

De *El paraíso de las damas* a Amazon

Lo que hoy está en juego es reconstruir la unidad de lo que ha sido separado a lo largo del siglo XX: los movimientos de productores y de consumidores. Llamémoslas *asociaciones de productores-consumidores*. Su matriz podría ser las asociaciones

---

[15] Véase Alain Chatriot, «Qui défend le consommateur? Associations, institutions et politiques publiques en France (1972-2003)», cit. p. 69.

[16] Véase Louis Pinto, «Le consommateur: agent économique et acteur politique», *Revue française de sociologie* 31/2 (1990).

[17] Véase André Orléan, «De quelques débats à propos de la production marchande chez Marx», en Cédric Durand *et al.*, *Penser la monnaie et la finance avec Marx. Autour de Suzanne de Brunhoff*, Rennes, PUR, 2018.

de consumidores actuales pero estas deberían recuperar su vocación original, que consistía en no separar las cuestiones relativas a la producción de las correspondientes al consumo. Un acercamiento, si no una fusión, con los sindicatos sería un paso importante.

Hoy, como hemos visto, la crítica del capitalismo adquiere sobre todo la forma de movimiento a favor de la desalienación, lo que admite esperar que la crítica referente al consumo y más generalmente la lucha contra las necesidades artificiales, desemboque con el tiempo en un cuestionamiento a la organización de la producción. Con el agravamiento de la crisis ambiental, estas asociaciones de productores-consumidores cumplirían una función política creciente. En el largo plazo podrían controlar una parte cada vez más amplia de la actividad económica y regular así la anarquía del mercado y a los operadores privados (y hasta sustituirlos en muchos casos), responsables de las destrucciones ambientales.

El contexto ha cambiado. Organizaciones como la CU y la LSA aparecen en la Belle Époque, la de las grandes tiendas evocadas por Zola en *El paraíso de las damas* (1883). Desde entonces, la gran tienda de *prêt-à-porter* ha cedido su lugar a Amazon. Pero, contra toda previsión, esta evolución de las modalidades del consumo encierra un potencial revolucionario.

«Revolución logística»: con esta expresión se hace hoy referencia a la importancia creciente, desde comienzos de los años ochenta, de las actividades de transporte, de distribución, de almacenaje, de embalaje, de refrigeración, etcétera, de las mercancías. Amazon constituye una emancipación de esa cadena. El movimiento siempre ha sido un dato esencial de la mercancía, aunque solo sea porque los lugares de producción y de venta rara vez coinciden. Pero hoy esa coincidencia es más rara que nunca. En su origen, la logística fue una disciplina militar[18]. En el transcurso del siglo XX, a medida que se

---

[18] Martin Van Creveld, *Supplying War. Logistics from Wallenstein to Patton*, Cambridge, Cambridge University Press, 2004.

desarrolla el capitalismo, a medida que progresa la imbricación del Estado y el mercado, los métodos que inspira penetran el campo de la producción económica.

La revolución logística se opera en el contexto de la globalización del capital. Es su condición de posibilidad, el sustrato material. Ya hemos evocado una de sus dimensiones: la «contenerización» del transporte marítimo, que ha disminuido drásticamente el costo de poner en circulación las mercancías a través del mundo y ha promovido la extensión de las cadenas globales de valor. Hoy, el 90 por 100 del comercio mundial se opera por barco, esencialmente en gigantescos portacontenedores[19].

La revolución logística supone el aumento del poderío de las nuevas tecnologías: GPS, código de barras, ERP (*entreprise resource planning* o programas profesionales de gestión), RFID (*radio frequency identification*, los microchips colocados en las mercancías o en el embalaje), algoritmos, *big data*... Entre 1982 y 2009, en la logística el valor del equipamiento tecnológico ha aumentado el 187 por 100, mientras que en el sector fabril solo ha crecido el 56 por 100[20]. Si el movimiento es un dato esencial de la ontología de la mercancía, lo mismo podemos decir de la trazabilidad: su propietario debe saber en cada momento dónde se encuentra y bajo la responsabilidad de quién. Esto contribuye a que no la pierda en la ruta, por supuesto, pero también a que pueda planificar los flujos de mercancías futuras sobre la base de los flujos pasados[21]. Sí, el capitalismo planifica constantemente[22].

---

[19] Véanse las cifras dadas en el *Examen estadístico del comercio mundial 2017* de la organización mundial de Comercio (OMC) [en francés]: https://www.wto.org/french/res_f/statis_f/wts2017_f/wts17_toc_f.htm.

[20] Véase Kim Moody, *On New Terrain. How Capital is Reshaping the Battleground of Class War*, Nueva York, Haymarket, 2017, p. 92.

[21] Véase Paul R. Murphy y Michael A. Knemeyer, *Contemporary Logistics*, Londres, Pearson, 2018, cap. 1.

[22] Véase Cédric Durand y Razmig Keucheyan, «Planifier à l'âge des algorithmes», *Actuel Marx* 65/1 (2019).

Esta trazabilidad se aplica asimismo a los asalariados y disciplina su tiempo de trabajo. Hoy como ayer, las nuevas tecnologías nunca son neutras. Tienen implicaciones en lo tocante a la organización de la producción pues inducen una intensificación de la jornada laboral.

PLUSVALÍA LOGÍSTICA Y VULNERABILIDAD DEL CAPITAL

Y, regularmente, las redes logísticas convergen. La bibliografía especializada habla de *clusters* logísticos, es decir, de «racimos» o «aglomerados». En la bibliografía administrativa, una definición corriente del *cluster* es la que da Michael Porter:

> Un *cluster* es una reagrupación geográfica de empresas interconectadas e instituciones asociadas, en un sector particular, vinculadas por *commonalities* y externalidades[23].

Las «*commonalities*» son los recursos que las empresas ponen en común por la conveniencia de su proximidad geográfica. Por ejemplo, tienen que pagar una sola empresa de custodia de las mercancías. Las externalidades designan los efectos positivos o negativos provocados en sus medioambientes, particularmente en lo referente a empleo o a contaminaciones. Las instituciones asociadas corresponden típicamente a las municipalidades donde se ha instalado el reagrupamiento. Los *clusters* logísticos se asemejan a «nudos» de redes a los que las mercancías llegan para ser almacenadas y redirigidas.

En Estados Unidos existen unos sesenta *clusters* de este tipo, diseminados por todo el territorio, con tres polos principales: Nueva York-New Jersey, Los Ángeles y Chicago. O sea, la Costa Este, la Costa Oeste y el Medio-Oeste. En ellos

---

[23] Véase Michael Porter, *On Competition*, Boston, Harvard Business School Publishing, 1998, p. 197 [ed. cast.: *Ser competitivo*, Barcelona, Editorial Deusto, 2017].

se concentran decenas de empresas de logística que convocan a centenares de miles de trabajadores –200.000, por ejemplo, solo en el de Chicago–, cifra que está en constante aumento. ¿Tratábamos de identificar cuál era la clase obrera del siglo XX? La hemos encontrado: los trabajadores de la logística.

La instalación de los *clusters* en las proximidades de las grandes metrópolis se justifica porque ahí desembocan los flujos, son puntos que cuentan con los servicios de varios aeropuertos, puertos, estaciones de trenes y autopistas. La conexión con las redes de transporte y la proximidad de mayoristas, minoristas y consumidores son una condición de la instalación de un conjunto de almacenes.

Para las empresas logísticas, esas metrópolis presentan además la ventaja de encerrar una mano de obra cautiva, explotable a gusto. En Estados Unidos, dos tercios de los empleados de la logística reciben salarios que están por debajo del umbral de pobreza (en 2018 rondaba los 12.000 dólares de ingresos anuales para un trabajador soltero), el 37 por 100 de estos trabajadores tienen por lo menos otro empleo y el 63 por 100 están empleados por intermedio de agencias de suplencias, por lo tanto, en situación de precariedad contractual[24]. La mayor parte de los trabajos que reúnen estos *clusters* son empleos obreros. La gestión de las nuevas tecnologías, la administración y los empleos técnicos, en cambio, tienen una representación mucho menor.

Estos *clusters* se sitúan a menudo cerca de distritos segregados, guetos negros o barrios latinos. Una encuesta realizada en 2010 en una nave de almacenamiento de Chicago muestra que el 48 por 100 de los empleados son afronorteamericanos, el 38 por 100, latinos y el 11 por 100 blancos no latinos; el resto son asiáticos, árabes o amerindios. Lo característico de esos barrios es que en ellos las poblaciones están prácticamente prisioneras: no hay ninguna movilidad social ni espacial en su horizonte. En consecuencia, sus habitantes no tie-

---

[24] Véase Kim Moody, *On New Terrain*, cit., p. 90.

nen otra opción que aceptar ese tipo de empleo. Y eso es muy conveniente, puesto que el sector de la logística los ofrece en abundancia, mal pagados y precarios. Una fracción creciente de esta fuerza de trabajo está formada por inmigrantes: los recién llegados se acomodan por necesidad a condiciones de trabajo fuertemente degradadas: un «ejército de reserva industrial», en el sentido de Marx, como no hubo nunca antes. Todo esto modifica la composición de la clase obrera. Pero sigue tratándose sin duda de la clase obrera.

En Francia, la situación es la misma o casi la misma. En 2014, París concentraba un tercio de la construcción de almacenes logísticos del país. El 87 por 100 de esos galpones se encuentran en las afueras, principalmente en los suburbios y la periferia norte y este[25]. Entre las razones de esta «especialización logística», están el fácil acceso a las autopistas, aeropuertos y estaciones de tren. Pero también la disponibilidad de una mano de obra que la desindustrialización condena al desempleo. La geografía económica muestra que las plataformas logísticas se encuentra con frecuencia en un territorio de donde han desaparecido, o han sido desplazadas, numerosas industrias. La logística prolonga a su manera la historia industrial de los suburbios parisienses.

Los ingresos fiscales que genera la instalación de esas plataformas incitan a los funcionarios a ceder sin discutir demasiado a los requerimientos de las empresas: los suburbios entendidos como «territorio servidor» –una expresión empleada por los funcionarios– donde se instalan actividades indeseables en la capital[26]. Primero, porque en la ciudad el precio del metro cuadrado es demasiado elevado para esos almacenes y además porque la densidad de la circulación complica la organización del flujo de camiones.

---

[25] Véase Nicolas Raimbault y François Bahoken, «Quelles places pour les activités logistiques dans la métropole parisienne?», *Territoire en mouvement. Revue de géographie et aménagement* 23-24 (2014), p. 7.
[26] *Ibid.*, p. 17.

Esas empresas logísticas, al ofrecer empleos, a menudo se crean sobre la base de una cooperación público-privada (PPP). En ese marco, el Estado y/o las colectividades locales cofinancian las infraestructuras o ponen el terreno a disposición de la empresa. Ante el proyecto anunciado por Amazon de instalar un centro de clasificación al sur de l'Oise, a veinticinco minutos del aeropuerto de Roissy, «la comunidad de municipios va a invertir para acondicionar una parte de la red vial y ayudar a que los seiscientos camiones que se espera lleguen cada día puedan entrar sin molestias por la autopista A1»[27]. Una verdadera felicidad para el medioambiente esos seiscientos camiones diarios. En la perspectiva de la construcción de ese centro, los municipios fueron invitados a modificar rápidamente su plan local de urbanismo (PLU), procedimiento del que se mantuvo alejado a todo representante político crítico. Argumento contundente: como resultado, quinientos empleos nuevos. Será el quinto almacén de Amazon en Francia y seguramente no será el último.

En suma, hoy, como dice con razón el Comité invisible, el poder es logístico[28]. A medida que el capital se globaliza, que las cadenas globales de valor se extienden y se hacen cada vez más complejas, la logística es una cuestión económica de carácter central. Es por ello que los trabajadores de la logística llegan a ser una pieza *política* de esencial importancia. Pero hay que tener en cuenta que la política moderna es una política urbana o interurbana. Si se pretende «bloquear los flujos» con éxito, habrá que aprender a dirigirse a esta nueva clase obrera explotada y alienada en los almacenes logísticos.

Hasta no hace mucho, la logística estaba considerada como una rama del sector de servicio. La fábrica produce, la logística envía. Las transformaciones del capitalismo han cambiado

---

[27] Véase «Amazon maille la France de ses entrepôts», *Le Monde*, 4 de octubre de 2017.
[28] Véase Comité invisible, «Le pouvoir est logistique. Bloquons tout!», *Lundi matin*, 30 de mayo de 2016.

la posición de la logística que ahora corresponde cada vez más al trabajo productivo. Veamos qué decía ya Marx:

> El capital debe tender a derribar toda barrera local al tráfico, es decir, al intercambio, para conquistar el mundo entero y transformarlo en un mercado; por otra parte, debe tender a destruir el espacio gracias al tiempo, es decir, a reducir al mínimo el tiempo que insume el movimiento de ir de un lugar a otro. Cuanto más se desarrolla el capital, tanto más vasto es pues el mercado por donde circula; ahora bien, cuanto mayor es la trayectoria espacial de su circulación, tanto más tenderá a extender espacialmente el mercado y, por consiguiente, a destruir el espacio gracias al tiempo[29].

El capital tiene una tendencia inherente a conquistar y transformar todo el planeta en un mercado. «El mercado mundial está contenido en la noción misma de capital», dice también Marx en un pasaje de *El capital*. De todos modos, la expansión mundial del capitalismo tiene un precio. Cuanto mayor es la distancia entre el lugar de producción y el lugar de venta (de «realización») de la mercancía tanto más aumenta el costo, puesto que el transporte no es gratuito. Esto implica que el capitalismo debe acelerar permanentemente la «velocidad de circulación» de las mercancías, a fin de minimizar el costo del envío y de maximizar las ganancias que obtienen los capitalistas. Los beneficios que embolsan estos últimos son tributarios del aumento de esa velocidad. Marx se refería a este fenómeno al hablar de la «destrucción del espacio gracias al tiempo».

Desde el siglo XIX, la innovación tecnológica y las energías fósiles, primero el carbón y después el petróleo, que permiten propulsar medios de transporte cada vez más rápidos –trenes, automóviles, barcos, aviones– han hecho posible la aceleración de la velocidad de circulación del capital.

---

[29] Véase Karl Marx, *Manuscrits de 1857-1858, dits «Grundrisse»*, cit., p. 500.

El punto esencial es que el nivel de la plusvalía depende de la aceleración de la «velocidad de circulación» de las mercancías. Toda disminución de la velocidad del movimiento de las mercancías, en un contexto de globalización del capital, reduce la ganancia. A la inversa, cuando el trabajador logístico acelera la carga de un camión, la plusvalía aumenta. La logística produce pues valor, ya no es un servicio en el sentido tradicional.

El almacenamiento es tiempo muerto. Desde que existe, el capital libra una lucha a muerte contra todas las formas de almacenamiento (salvo cuando hace una «retención de oferta» para lograr una escalada de los precios, pero ese es otro problema). Almacenar es disminuir la velocidad de circulación de las mercancías y rebajar el nivel de la plusvalía. También implica correr el riesgo de que durante el periodo de almacenamiento las mercancías sufran daños. De ahí el *just-in-time* o la «logística ajustada» típicos del posfordismo, mediante los cuales las empresas procuran minimizar el tiempo que separa la producción de la venta de las mercancías.

El capital soñaba con el *cross-docking*. La revolución logística se lo regaló[30]. Este tipo de preparación de pedidos consiste en no acumular las mercancías en el depósito cuando son descargadas y dejarlas en cambio en el muelle *(dock)* de descarga hasta que otro camión las recoja para llevarlas a su destino siguiente. Las mercancías permanecen en el muelle de carga menos de veinticuatro horas. En 2018, aproximadamente la mitad de las almacenes logísticos de Estados Unidos se adhirieron a esta práctica, posibilitada por las tecnologías de trazabilidad de la mercancía que consiguen que cada participante del proceso de producción pueda entrar en acción en el momento preciso.

La mezcla de las actividades productivas y logísticas alcanza su estadio supremo en el *co-manufacturing*. En este caso la logística se ocupa, no solamente de enviar las mercancías sino

---

[30] Véase Kim Moody, *On New Terrain*, cit., p. 91.

también de la última etapa de su producción. Actividades productivas y logísticas se mezclan aquí hasta el punto de hacerse indistinguibles. El objetivo es que la finalización del producto se opere a último momento. A esto se lo llama la «diferenciación retardada» *(delayed differenciation* o *postponment): un producto se adapta a las normas de un país o a las preferencias de un grupo de consumidores lo más tarde posible[31]. Esta práctica esencialmente evita que queden mercancías sin vender: si este mes Francia consume más ordenadores portátiles que Suiza, el teclado francés se instala *in extremis* en una cantidad mayor de dispositivos (los países germanófonos utilizan los teclados QWERTZ). Por eso, es necesario que las tecnologías de trazabilidad informen a la empresa en tiempo casi real sobre el estado de las ventas.

¿Qué forma podría adquirir la alianza de productores y consumidores en este contexto? Amazon es una red de almacenes con entradas y salidas. Es posible –y hasta bastante fácil– bloquearlas. Es lo que hacen desde 2016 los sindicatos de los empleados italianos del gigante estadounidense durante el Black Friday, el día siguiente al de Acción de Gracias, gran misa del consumo en los cuatro puntos cardinales del planeta[32]. La acción fue bellamente bautizada «Strike Friday» («viernes de huelga»).

Ese Black Friday de 2016, Amazon.it recibió 1.100.000 órdenes de compra. En la escala planetaria, la firma registra ese día un pico de actividades. El almacén Amazon de Piacenza, en el norte del país, tiene 4.000 empleados, una parte significativa de los cuales son interinos, como en Estados Unidos. Y esa precariedad complica su participación en las huelgas. Aun así, el movimiento ha continuado. Una parte de los empleados de los transportes, los subcontratistas que envían los pa-

---

[31] Véase Paul R. Murphy y Michael A. Knemeyer, *Contemporary Logistics*, cit., p. 29.
[32] Véase «Amazon faces Black Friday strike in Italy», *Financial Times*, 23 de noviembre de 2017.

quetes, hacen huelga por solidaridad[33]. Varios almacenes Amazon alemanes se unen a la acción. Se trata de evitar que la dirección de Amazon Italia tome de los almacenes alemanes lo que necesite para satisfacer la demanda.

Este tipo de acción sindical promete multiplicarse en el futuro. Por más que Amazon sea un gigante de la tecnología digital, las mercancías que distribuye siguen siendo mercancías, dotadas de una materialidad concreta. La digitalización de la economía no ha provocado la disminución de los objetos en circulación sino todo lo contrario. Pues bien, se puede obstaculizar el desplazamiento de las mercancías y hasta se las puede destruir. Y sin duda ya se llegará a eso.

También es posible piratear o sabotear las tecnologías de trazabilidad. Si todo está conectado, si la tecnología reviste una importancia creciente en la producción, un corte en un lugar pone en peligro la cadena productiva en todo el conjunto. Los capitalistas organizan la redundancia de los dispositivos tecnológicos: si uno deja de funcionar, otro toma el relevo. Lo que implica recurrir a un sabotaje mayor. Y, por lo tanto, que las huelgas de la logística se transformen en huelgas de masas. Si el poder es logístico, la acción revolucionaria es una política de muchos.

La tecnología digital ha aumentado la vulnerabilidad del capital. Toda pérdida de tiempo es una pérdida de plusvalía. La huelga o hasta la desaceleración del trabajo –una «operación caracol» *(opération escargot)–* tiene un impacto inmediato en su nivel. La sensibilidad de la acumulación al factor tiempo ha aumentado el poder de los trabajadores. De los trabajadores de la logística, cada vez más concentrados geográficamente, a pesar de la fragmentación de las redes productivas.

Para Marx, el surgimiento de una conciencia de clase obrera depende de dos parámetros: como consecuencia de la pro-

---

[33] Véase Rossana Cillo y Lucia Pradella, «Strike Friday at Amazon. it», *Jacobin Magazine,* 29 de noviembre de 2017.

fundización de la división del trabajo, los obreros descubren su interdependencia, los beneficios de la cooperación. Pero, además, el hecho de que estén concentrados en las fábricas hace surgir en sus espíritus la idea de que tienen intereses comunes en cuanto clase, opuestos a los de la clase situada enfrente. Estas dos condiciones se dan juntas en los *cluster* logísticos. Que entre estos asalariados surja una conciencia de clase solo es cuestión de tiempo.

Hoy los trabajadores de la logística están en una situación similar a la de los mineros del siglo XIX y de comienzos del siglo XX. La producción y la circulación del carbón eran relativamente fáciles de obstaculizar: ya fuera bloqueando la mina, ya fuera interrumpiendo las redes de transporte, principalmente el tren. La hegemonía que tuvo el carbón como fuente de energía hasta la primera mitad del siglo XX había conferido a los mineros una posición central en el seno de la clase obrera. Cada una de sus huelgas tenía un efecto paralizante en la sociedad. La transición del carbón al petróleo fue organizada por las clases dominantes para debilitar la potencia de los huelguistas ya que la producción y circulación del petróleo eran más difíciles de interrumpir[34]. Hoy, al ser la logística un jugador omnipresente, la potencia de quienes trabajan en ella es aún mayor que la de los mineros.

La centralidad de la logística dice mucho del capitalismo en el que vivimos. La financiarización del capital ha provocado la «desterritorialización» de la economía. Su carácter inmaterial y global hace que escape al control democrático. Los países que han atravesado graves crisis financieras –Grecia o Argentina últimamente– sufrieron los efectos de la disciplina impuesta por los mercados financieros. Pero no hay que llevar demasiado lejos esta idea de la «desterritorialización» de la economía operada por el poder financiero. Si bien el capital ejerce un dominio «abstracto», en el sentido de que somete la

---

[34] Véase Timothy Mitchell, *Carbon Democracy. Le pouvoir politique à l'ère du pétrole*, París, La Découverte, 2013, cap. 1.

191

vida social a la lógica de la tasa de interés, la civilización que produce y reproduce es material.

Por lo tanto, las acciones de los trabajadores de la logística tienen pocas probabilidades de éxito si los consumidores no se involucran en ella, como lo hicieron a fines del siglo XIX y comienzos del XX. Se trata de volver a poner de moda el «repertorio de acciones» de las asociaciones de consumidores más combativas: sellos de calidad sindicales, listas blancas, boicots, *buycott*, denuncia de la publicidad engañosa, *testing*, etcétera. El movimiento a favor de los consumidores actual utiliza ese repertorio, pero solo de manera parcial y bastante blandamente. Sobre todo, le falta vincularse más con las cuestiones relativas a las condiciones de la producción, que rara vez están en el tapete.

Sin embargo, la logística establece el vínculo entre la producción y el consumo. En realidad *es* ese vínculo, puesto que su tarea consiste en hacer llegar las mercancías de los productores a los consumidores, siguiendo cadenas de valor cada vez más largas. Esto es lo que la convierte en un sector estratégico para combinar crítica de la producción y del consumo. En el «repertorio de acciones» de las asociaciones de productores-consumidores, será determinante el bloqueo de los flujos logísticos.

Por la importancia que han adquirido en el funcionamiento del capitalismo contemporáneo y por el hecho de estar situados en la articulación de la producción y del consumo, los trabajadores de la logísticas están llamados a desempeñar un papel central –junto a otros– en este proyecto: bloquear los flujos logísticos a fin de, en un mismo movimiento, tomar el control de lo que se produce y lo que se consume.

Para lograrlo, primero es necesario establecer una reconexión con los sindicatos. La importancia de los trabajadores de la logística favorece de hecho el acercamiento entre sindicatos y asociaciones de consumidores puesto que ese sector de los asalariados se sitúa en la interfaz de la producción y el consumo. En Francia, como vimos, el Estado, en el contexto de la

Guerra Fría, exigió la separación de los sindicatos (producción y organización del trabajo) y de los movimientos a favor de los consumidores (consumo). Una decisión que ha resultado perjudicial para los trabajadores y para los consumidores. Hay que invertir la tendencia. Con el tiempo, las asociaciones de productores-consumidores podrían hacerse perennes e institucionalizarse como aparatos políticos revolucionarios, emancipados de la garra del capital.

Organizaciones donde se discutieran conjuntamente los intereses de los trabajadores y de los consumidores situarían en el corazón de su actividad la cuestión de las necesidades que establece el vínculo entre producción y consumo: ¿qué producir para satisfacer qué necesidades? Dicho de otro modo: ¿qué es una necesidad legítima, por oposición a una necesidad que no lo es? Bloquear los flujos de mercancías, como han comenzado a hacer los huelguistas de Amazon y de otros actores logísticos, inexorablemente tendrá efectos en ese sentido. La multiplicación de estas acciones promoverá una mayor conciencia del carácter artificial y, por lo tanto, desechable, de numerosas supuestas necesidades. Las asociaciones de productores-consumidores son ante todo los instrumentos de lucha, pero las luchas engendran «concientización» y deliberación sobre la estrategia y las finalidades del movimiento.

Hay que completar el antiguo «repertorio de acciones» de las asociaciones de consumidores con nuevas reivindicaciones, entre ellas, la extensión de la duración de la garantía y la exhibición del «precio de uso» de las mercancías, que serán instrumentos eficaces para hacer surgir los bienes emancipados y, por su intermedio, la creación de una infraestructura de la igualdad. Será un trabajo de tenaza contra el productivismo y el consumismo capitalistas que quedarán apresados entre medidas de transición de este tipo y el bloqueo de los flujos logísticos mediante la acción en el terreno. Entonces, la relación de fuerzas con la mercancía se presentará bajo los mejores auspicios.

CAPÍTULO VII

En busca de la democracia ecológica

Nadie sabe en realidad cómo serán los próximos decenios. La crisis ambiental, sin duda, se profundizará pero, ¿en qué proporciones? ¿Asistiremos a un «derrumbe» de las sociedades, como predicen algunos? La colapsología o ciencia del derrumbe sostiene que la escasez de recursos naturales conducirá, en breve plazo, a la desaparición de la vida social tal como la conocemos y a una crisis aguda de las instituciones políticas y económicas modernas: parlamentos, Estado de derecho, mercado, sistemas energéticos, mundo financiero[1]... O, por el contrario, ¿las democracias representativas continuarán funcionando de alguna manera?

Todo depende de la amplitud de la crisis que viene. Si se transforma en derrumbe, ya no habrá política, solo supervivencia. Leyendo «ciencia ficción ecologista», la trilogía climática de Kim Stanley Robinson, por ejemplo, uno puede hacerse una idea de lo que nos espera en tal eventualidad[2].

Todos los informes dedicados al cambio climático, comenzando por los del Grupo Intergubernamental de Expertos sobre el Cambio Climático, proponen varias situaciones de crisis más o menos severas. La complejidad de los parámetros –naturales, pero también políticos y sociales– hace que

---

[1] Véase Pablo Servigne y Raphaël Stevens, *Comment tout peut s'effondrer. Petit manuel de collapsologie à l'usage des générations présentes*, París, Seuil, 2015.

[2] Véase Kim Stanley Robinson, *Les Quarante Signes de la pluie*, París, Pocket, 2011 [ed. cast.: *Señales de lluvia*, Barcelona, Editorial Minotauro, 2005]; *Cinquante degrés au-dessous de zéro*, Pocket, París, 2011 y *Soixante jours après*, París, Pocket, 2011.

la predicción sea azarosa. ¿Mi hipótesis? No habrá derrumbe en el mediano plazo, pero sí veremos una aceleración creciente del ritmo de la política. Los regímenes democráticos representativos se han caracterizado, desde el fin de la Segunda Guerra Mundial, por su remarcable estabilidad. En el siglo XX, las revoluciones nunca se hicieron contra las democracias, sino siempre contra regímenes autoritarios[3]. Esa estabilidad de las democracias se ha terminado, ya hoy vemos las señales.

Si la crisis suscita una aceleración del ritmo de la política, pero no su hundimiento, podría darse una dialéctica conflictiva entre las instancias gubernamentales y una constelación de colectivos políticos «de base» y esto posiblemente desemboque en situaciones de «dualidad de los poderes»[4].

Ciertamente no deja de ser temerario formular recetas para las «marmitas del futuro», como nos advertía Marx en el libro I de *El Capital* pero, en las actuales condiciones, tratar de proyectar el futuro, aunque solo sea para conjurar lo peor, se vuelve una tarea insoslayable. Para encontrar una brújula en la crisis, no tenemos otra opción que combinar comparaciones históricas con imaginación política. Si bien las comparaciones históricas tienen sus límites, siempre nos dan al menos la posibilidad de anclar la imaginación en lo real. La imaginación política, por su parte, apunta a trazar vías que puedan conducir a algún otro punto que no sea el desastre. Un esbozo de futurología crítica: esto es lo que intentan lograr las páginas que siguen.

---

[3] Véase Jeff Goodwin, *No Other Way Out. States and Revolutionary Movements, 1945-1991*, Cambridge, Cambridge University Press, 2001.

[4] La teorización más elaborada de la «dualidad de los poderes» la expone León Trotsky en *Histoire de la révolution russe*, tomo I, París, Seuil, 1995, cap. 11 [ed. cast.: *Historia de la revolución rusa*, Madrid, Editorial Capital Swing, 2017].

Hoy disponemos de bosquejos de transición ecológica precisos que indican de qué manera debe evolucionar el aparato productivo a fin de hacerse sostenible. Estamos hablando de instrumentos de planificación de la economía en el largo plazo.

En Francia, el más conocido de estos proyectos es el *Manifeste négaWatt*, redactado por ingenieros especializados en cuestiones energéticas[5]. Un negaWatt es una unidad de energía economizada («nega» por negativo). Según los autores del manifiesto, gracias a las energías renovables, la aislación térmica o al acortamiento de los circuitos económicos, es posible instaurar un sistema económico ecológicamente viable en la escala de un país y hasta en una escala mayor. A tecnología constante, nuestras sociedades contienen importantes «yacimientos de negaWatts». Una sociedad «negaWatt» es una sociedad de la sobriedad en la que se dejan deliberadamente de lado posibilidades de consumo consideradas nefastas. La sobriedad tiene una dimensión técnica –la aislación térmica gracias a materiales innovadores, por ejemplo–, pero también se trata de un concepto político que apunta a transformar la vida cotidiana[6]. El proyecto negaWatt y otros del mismo tipo son «hojas de ruta». Fijan una orientación a las posibles elecciones de producción y, por eso mismo, constituyen un marco para definir las necesidades. El objetivo del plan negaWatt fijado para el año 2050 en Francia es dividir por cuatro las emisiones de gas de efecto invernadero y disminuir drásticamente la dependencia de los hidrocarburos y la energía nuclear. Como toda hoja de ruta, esta puede

---

[5] Véase Association négaWatt, *Manaifeste négaWatt*, cit.

[6] Véase Luc Semal, Mathilde Szuba y Bruno Villalba, «"Sobriétés" (2010-2013); une recherche interdisciplinaire sur l'institutionnalisation de politiques locales de sobriété énergétique», *Nature Sciences Sociétés* 22/4 (2014).

evolucionar (el guion se actualiza periódicamente) en función, por ejemplo, de innovaciones tecnológicas que hoy son difícilmente previsibles. Pero, en el marco que delimita, puede darse la deliberación sobre las necesidades. Los proyectos de transición ecológica tienden, pues, a conectar las decisiones de producción con las necesidades. Si se quiere evitar el «derrumbe» de las sociedades en las próximas décadas, es indispensable establecer ese vínculo.

Por lo demás, en el *Manifeste négaWatt* aparece la cuestión de las necesidades. A lo largo de su reflexión, los autores distinguen entre las necesidades «vitales» que habrá que continuar satisfaciendo durante la transición ecológica y las necesidades «nocivas» de las que habrá que deshacerse. El primer grupo se subdivide en necesidad que ellos consideran «esenciales», «indispensables», «útiles» y «convenientes». El segundo, agrupa las necesidades que ellos juzgan «fútiles», «extravagantes», «inaceptables» y «egoístas». Y agregan:

> Más o menos del mismo modo en que hoy clasificamos los aparatos electrodomésticos o las viviendas según la etiqueta de calificación energética que va de A a G, es posible catalogar el conjunto de nuestras necesidades según una escala que vaya desde las necesidades «vitales», aquellas de las que ningún ser humano puede prescindir, a las necesidades «nocivas», aquellas cuya satisfacción nos procura un placer frecuentemente egoísta e irrisorio si se tienen en cuenta los daños que provocan directa o indirectamente en el medioambiente o al prójimo ahora mismo o que provocarán en el futuro[7].

Pero la reflexión se detiene ahí. No se nos dice nada más de la definición de estos dos conjuntos de necesidades ni de su legitimidad a los ojos de las mayorías. El consumo de energía de un aparato electrodoméstico puede medirse objetivamen-

---

[7] Asociación NégaWatt, *Manifeste négaWatt*, cit., p. 68.

te, cuantificarse; pero, ¿cómo se mide una necesidad? Podemos estimar la cantidad de calorías necesaria para que un organismo humano sobreviva y hasta el número de pasos que hay que dar por día para conservar la buena salud. Pero, ¿más allá de eso?

Hay necesidades manifiestamente vitales –nutrirse, tener un techo– y manifiestamente perjudiciales, como iluminar durante toda la noche una calle que nadie frecuenta o utilizar el automóvil para recorrer unos centenares de metros. Pero, una vez enunciadas esas evidencias, pronto surgen los desacuerdos referentes a qué corresponde a cada una de esas categorías, desacuerdos que, sin embargo, debemos zanjar.

Urge deliberar sobre las necesidades correspondientes a sectores económicos cuyo impacto en el medioambiente es más elevado. Según el último informe del GIEC, el reparto de las emisiones por sector se presenta así: el sector de la energía representa el 35 por 100 de las emisiones, la agricultura y los bosques el 24 por 100, la industria, el 21 por 100, los transportes, el 14, y la construcción, el 6 por 100[8]. Compartimentar la economía de esta manera se presta a confusión, pues la energía y los transportes están, por ejemplo, estrechamente imbricados. Sea como fuere, la primera de esas cifras muestra que la lucha contra el cambio climático está intrínsecamente asociada a la cuestión energética. Y allí deben dirigirse los primeros esfuerzos.

Lo importante es saber cómo insuflar política –conflicto y democracia– en estos proyectos de transición ecológica que, en su mayor parte, no pasan de ser «tecnocráticos». El hecho de que con frecuencia hayan sido elaborados por ingenieros tiene algo que ver.

---

[8] Véanse los datos en el sitio del GIEC, https://www.ipcc.ch/site/assets/uploads/2018/02/SYR_AR5_FINAL_full.pdf.

La oposición entre el mercado y la planificación estructura los debates económicos del siglo XX[9]. Al mercado «libre y no distorsionado», las izquierdas han opuesto formas más o menos estrictas de planificación. La planificación se aplicaba en el seno del bloque comunista pero durante largo tiempo también fue preconizada por la socialdemocracia occidental y hasta por ciertas vertientes de la derecha llamada «social», como el gaullismo en Francia y la democracia cristiana en Italia. Al examinar la historia económica del siglo XX, comprobamos, sin embargo, que la alternativa entre mercado y planificación rara vez fue neta. El capitalismo siempre ha planificado, aun en la época neoliberal y hasta en el sector financiero, supuestamente «cortoplacista», donde antes de generalizar una innovación hay que teorizarla y experimentarla. A la inversa, en países como Yugoslavia o China, emergieron «socialismos de mercado», al menos en ciertas épocas.

Es probable que la transición ecológica vuelva a colocar la planificación de numerosos sectores en la agenda. Más aun teniendo en cuenta que hoy existen nuevos instrumentos para perfeccionarla. En septiembre de 2017, el *Financial Times* titulaba: «La revolución de los *big data* puede resucitar la economía planificada»[10]. El editorialista estimaba que las posibilidades de cálculo que ofrecen los «datos masivos» y los algoritmos permitirán superar las fallas que en el siglo XX afectaron los intentos de planificación centralizada y establecer una coordinación de la oferta y la demanda que no se remita a un sistema de precios que, por definición, es reductor. Mientras sea solvente, el mercado satisface cualquier necesidad por artificial o

---

[9] Sobre la historia y un análisis de las actuales cuestiones en juego de la planificación, véase Pat Devine, *Democracy and Economic Planning*, Londres, Polity, 2010.

[10] Véanse John Thornhill, «The big data revolution can revive the planned economy», *Financial Times*, 4 de septiembre de 2017 y Cédric Durand y Razmig Keucheyan, «Planifier à l'âge des algorithmes», cit.

nociva que resulte. Y a la inversa, en nuestras sociedades, numerosas necesidades reales que no pueden pagarse quedan insatisfechas.

La planificación, sea socialista o capitalista, conlleva el peligro del autoritarismo: decidir desde arriba lo que hay que producir y consumir, decretar qué necesidades tienen derecho a satisfacer los ciudadanos y cuáles son ilegítimas. Agnes Heller era muy consciente de ese riesgo y teorizó sobre ello. Con otros dos miembros de la Escuela de Budapest, Ferenc Feher y György Markus, definió la URSS como una *dictadura sobre las necesidades*[11].

Para Heller y sus colegas, la URSS no era un régimen socialista ni comunista, ni un capitalismo de Estado, sino una formación política *sui generis* que asentaba su dominación en el control que ejercía sobre las necesidades. En la URSS, tanto las necesidades materiales (ropa, vivienda, transporte) como las inmateriales (estudios, gustos estéticos) estaban determinados por una burocracia de «expertos» que elaboraban la planificación de la producción en un contexto de escasez de recursos más o menos pronunciada según los periodos[12].

Esa dictadura sobre las necesidades se apoyaba en dos operaciones. La primera consistía en demorar constantemente la satisfacción de ciertas necesidades, prometiendo que esta llegaría una vez que se terminara la fase de «transición». Esta fase se volvía permanente y las necesidades nunca se cubrían. En Cuba, se llama «periodo especial» a la era que comenzó después de la caída de la Unión Soviética en los años noventa y que condujo al aislamiento económico y diplomático creciente del régimen. El periodo se caracteriza por el racionamiento y el control estricto de la libertad de expresión. No tiene nada de «especial», pues ha llegado a constituir la norma

---

[11] Véase Ferenc Feher, Agnes Heller y György Markus, *Dictatorship Over Needs*, Oxford, Basil Blackwell, 1983.
[12] Véase Michael Ellman, «L'ascension et la chute de la planification socialiste», cit.

de funcionamiento del régimen. La dictadura sobre las necesidades transforma pues lo excepcional en permanente. Es un «estado de excepción permanente» en el dominio económico. La cola de gente esperando, fenómeno característico de la vida cotidiana en los regímenes llamados «socialistas» es una manifestación concreta de la promesa diferida. Es el resultado de las dificultades de aprovisionamiento que enfrentan estas economías, del mal funcionamiento de la planificación. El ciudadano nunca sabe si al llegar a la ventanilla la mercancía que ha venido a buscar estará aún disponible. A veces tiene que acudir varios días seguidos, lo cual no impide que el régimen anuncie de manera recurrente que es inminente el momento en que el país superará a los países capitalistas en materia de bienestar material.

En un pasaje de *La revolución traicionada* (1936), León Trotsky analiza la cola de ciudadanos como el fundamento del poder soviético:

La autoridad burocrática tiene como base la pobreza en artículos de consumo y la lucha de todos contra todos que resulta de esa carestía. Cuando en la tienda hay suficientes mercancías, los parroquianos pueden llegar en todo momento. Cuando escasean, los compradores están obligados a hacer cola en la puerta. En cuanto la cola se hace muy larga, se impone la presencia de un agente de policía para mantener el orden. Tal es el punto de partida de la burocracia soviética. Ella «sabe» a quién darle y quién debe esperar pacientemente[13].

La segunda operación sobre la que se asienta la dictadura sobre las necesidades es el paternalismo. El individuo no sabe lo que le conviene. Por lo tanto, el régimen, es decir, la burocracia de «expertos» lo va a ayudar a definir sus necesidades. En tal dictadura, los márgenes de maniobra que tiene una per-

---

[13] Leon Trotsky, *La Révolution trahie*, París, Minuit, 1963, p. 79 [ed. cast.: *La revolución traicionada*, Buenos Aires, Ediciones del Ips, 2014].

sona para cultivar sus necesidades están cerca de cero. Se fuerzan las decisiones de producción y de consumo. «La URSS reposa sobre una "doble antropología" que combina optimismo y pesimismo», dicen Heller y sus coautores[14]: el ser humano es infinitamente perfectible, pero es incapaz de alcanzar esa perfección por sí mismo pues no es ni virtuoso ni autónomo. Por ello se hace indispensable la intervención de una autoridad que represente los intereses superiores de la sociedad. Esa autoridad no es otra que el Estado, con la forma burocrática que había adquirido en la Unión Soviética.

Sería un error creer que la «dictadura sobre las necesidades» ha desaparecido bajo los escombros de la Unión Soviética. Existe en nuestras sociedades, aunque con una forma diferente. Poco a poco vamos tomando conciencia: las GAFA (Google, Apple, Facebook y Amazon) representan una variante particularmente elaborada de dictadura sobre las necesidades.

Los algoritmos moldean nuestros deseos, los entregan a la codicia de las empresas digitales. ¿Cómo funcionan? El detalle es complejo, pero el principio es simple: extrapolan a los comportamientos futuros los comportamientos pasados del individuo. Dominique Cardon habla de «conductismo radical»[15]. Los algoritmos parten del principio de que uno reproduce sus comportamientos pasados o los de individuos con un perfil semejante al propio. No integran la dimensión creativa de la acción humana, el hecho de que el futuro no siempre puede predecirse a partir del pasado. Cuando los comportamientos de un individuo cambian, los algoritmos le siguen el rastro pero no lo alientan a extender el abanico de sus gustos[16].

---

[14] Ferenc Feher, Agnes Heller y György Markus, *Dictatorship Over Needs*, cit., pp. 225 y ss.

[15] Véase Dominique Cardon, *À quoi rêvent les algorithmes?*, París, Seuil, 2015, pp. 66-71 [ed. cast: *Con qué sueñan los algoritmos. Nuestras vidas en el tiempo de los big data*, Madrid, Editorial Dado, 2018].

[16] El testimonio más notable de este conductismo radical ha sido una encuesta de Facebook: Eyta Bakshy *et al.*, «Exposure to ideologically diverse news and opinion on Facebook, *Science* 348/6239 (2015).

Shoshana Zuboff llama «capitalismo de la vigilancia» la tendencia reciente de las plataformas digitales a querer «orientar» y, por consiguiente, ya no solamente reproducir, los comportamientos de los consumidores, por medio, por ejemplo, de la publicidad personalizada[17]. Los perfiles de Google, por ejemplo, provienen de la promesa que la empresa de Silicon Valley hace a los anunciantes de que es capaz de anticipar los gustos futuros de sus usuarios. Y, ¿qué mejor manera de lograrlo que modelando sus gustos? En ese caso, los algoritmos tienen una acción *performativa* sobre las necesidades. El individuo dispone de márgenes de maniobra, puede resistirse a los mandados de las máquinas y de quienes se ocultan tras ellas, las multinacionales de la información. Pero la relación de fuerzas le es enormemente desfavorable. Si los *big data* pueden llegar a ponerse al servicio de la planificación, previamente habrá que sustraerlos al control de las GAFA, expropiándolos·y «socializando los centros de datos», como preconiza Evgeny Morozov[18].

La dictadura sobre las necesidades de tipo soviético se arrogaba el derecho exclusivo de distinguir entre las necesidades auténticas y las necesidades superfluas. A la pregunta: ¿qué es una necesidad auténtica?, respondía: una necesidad definida como tal por los «expertos».

Y completaba esta distinción con otra: entre necesidades «colectivas» e «individuales». Las necesidades colectivas, que corresponden al «interés general» se consideraban por definición virtuosas, puesto que sirven al bien común o, al menos, a la concepción que tenía la burocracia del bien común. En la URSS, las necesidades individuales siempre eran sospechosas, juzgadas insignificantes, si no ya egoístas.

---

[17] Véase Shoshana Zuboff, «Big other: surveillance capitalism and the prospects of an information civilization», *Journal of Information Technology* 30 (2015). Sobre una crítica de la teoría de Zuboff, véase Sébastien Broca, «Surveiller et prédire», *La Vie des idées*, 7 de marzo de 2019.

[18] Véase Evgeny Morozov, «Socialize the data centres!», *New Left Review* 91 (enero-febrero de 2015).

En la dictadura sobre las necesidades, las necesidades dejan de ser dinámicas, de ser «revolucionarias en germen». Se bloquea la dialéctica de las necesidades y las dos paradojas de las necesidades radicales se vuelven inoperantes. Al estar definida por una burocracia desconectada de la sociedad civil, la paleta de las necesidades no se enriquece, se estanca y se empobrece. La lucha por la satisfacción de las necesidades deja de ser una fuerza histórica.

Para Heller, la única manera de escapar a la dictadura sobre las necesidades es afirmar que solo existen necesidades individuales: «Marx no reconoce otras necesidades que no sean las de los individuos»[19]. Su objetivo es la plenitud de la persona, lo que supone someter a crítica el capitalismo que precisamente le pone trabas. «El libre desarrollo de cada individuo es la condición del libre desarrollo de todos», dice el *Manifiesto comunista*. Y no lo contrario.

Ciertas necesidades son comunes a numerosos individuos. Pero no por ello dejan de ser necesidades individuales. La sociedad o el Estado, por su parte, no tienen necesidades. Postular la existencia de «necesidades colectivas» jerárquicamente superiores a las necesidades individuales es una operación de dominación, que apunta a instituir y legitimar una burocracia de «expertos» cuya función es precisamente decidir si hay que satisfacerlas o no[20]. Nada que ver con el socialismo, afirma Heller.

Así como no existen las «necesidades colectivas», tampoco existen necesidades que puedan reducirse a una definición puramente objetiva: «La necesidad del individuo es lo que él sabe y siente como su necesidad», dice Heller[21]. Sea cual fue-

---

[19] Véase Agnes Heller, *La Théorie des besoins chez Marx, cit.*, p. 100.

[20] Este argumento de Heller presenta cierta afinidad con la crítica de la «relación de dominio» que hace Jacques Rancière en su «axiomática de la igualdad de las inteligencias». Véase Jacques Rancière, *Le Maître ignorant*, 10/18, París, 2004 [ed. cast.: *El maestro ignorante. Cinco lecciones sobre la emancipación intelectual*, Barcelona, Editorial Laertes, 2002].

[21] Agnes Heller, *La Théorie des besoins chez Marx, cit.*, p. 103.

re la necesidad, siempre se define en primera persona. Lo cual no implica necesariamente que debe ser satisfecha, por ejemplo, si es perjudicial para el prójimo o no es sostenible en el plano ecológico. La conclusión de este razonamiento es simple: la distinción entre las necesidades auténticas y las necesidades superfluas no es ontológica. ¿Significa esto que hay que renunciar por completo a esa distinción? Por supuesto que no. Distinguir entre las necesidades auténticas y las superfluas es crucial en el contexto de la transición ecológica.

La única manera de mantener esta distinción sin reducirla a una determinación abusiva es considerar que debe ser el fruto de una deliberación colectiva permanente. Esta distinción es dialógica y democrática y en ningún caso, ontológica[22]. En consecuencia, si hay que clasificar las necesidades, habrá que hacerlo «desde abajo». La teoría crítica de las necesidades recobra así, por sus propios medios, una intuición a la que llega también la psiquiatría del consumo compulsivo.

La pregunta es relativamente simple: ¿cómo lograr una clasificación que haga emerger una estructura de las necesidades sostenible y no alienante? ¿Y por qué no hacerlo, en efecto, mediante una escala del tipo de las «etiquetas de energía», fundada en criterios cuantitativos y cualitativos? La respuesta es complicada. Más exactamente, política.

EL TEATRO DE LAS NEGOCIACIONES

En ocasión de la Conferencia de las Partes de la Convención Marco de las Naciones Unidas sobre Cambio Climático (COP21) llevada a cabo a fines de 2015 en París, el sociólogo

---

[22] Sobre el carácter dialógico de la definición de las necesidades, véase Nancy Fraser, «The struggle over needs. Outline of a socialist-feminist critique of late-capitalist political culture», *Unruly Practices. Power, Discourse, and Gender in Contemporary Social Theory*, Minneapolis, University of Minnesota Press, 1989.

Bruno Latour organizó en el teatro des Amandiers de Nanterre una «simulación política»[23]. Una simulación es a la política lo que la modelización es a la ciencia: cuando lo real es demasiado complejo para analizarlo como tal, se construye un modelo, una aproximación, que luego se compara con los datos. Estos permiten mejorar el modelo que vuelve a confrontarse con datos más precisos y así se sigue avanzando. La simulación política es un método de reducción de la complejidad que apunta a poner de relieve las características significativas de una coyuntura. Permite hacer predicciones a partir de hipótesis basadas en lo ya existente.

Latour ha llamado a esta simulación política «teatro de las negociaciones». La experiencia duró tres días y reunió a doscientos jóvenes delegados (la mayor parte de ellos estudiantes) llegados de una treintena de países y que componían unas cuarenta delegaciones. El objetivo no era tanto llegar a un acuerdo en debida forma sobre el clima, sino más bien alimentar la reflexión sobre cuál era el mejor procedimiento que podía seguirse. El hecho de que la simulación se realizara en un teatro suponía dar a la experiencia una dimensión artística. «La diplomacia es un arte», dice Latour, y la diplomacia ambiental no se sustrae a esa máxima.

La simulación se fundó en tres reglas. Primero, en el transcurso de las negociaciones, las delegaciones no podían invocar ningún «árbitro superior»: la naturaleza, la ciencia, Dios, el derecho… La ciencia, en particular, no podía utilizarse para ganar una discusión o remitir a una delegación al egoísmo de su posición. «Los datos estaban allí, por supuesto, pero mudos y apáticos. En todo caso desdramatizados. Formaban un marco pero no eran agentes»[24].

[23] Véase Bruno Latour, «Comment gouverner des territoires (naturals) en Lutte?», *Face à Gaïa. Huit conférences sur le nouveau régime climatique*, París, La Découverte, 2015 [ed. cast.: *Cara a cara con el planeta. Una nueva mirada sobre el cambio climático alejada de las posiciones apocalípticas*, Buenos Aires, Siglo XXI de Argentina, 2019].

[24] *Ibid.*, p. 338.

Para Latour, es ilusorio creer que bastaría con invocar la ciencia y particularmente los informes del Grupo Interguber-namental de Expertos sobre el Cambio Climático (GIEC) para suscitar políticas eficaces de reducción de las emisiones de gases de efecto invernadero. La ciencia no es una política: «Aún no se ha visto un solo caso en el que una llamada a las leyes de la naturaleza haya permitido el alineamiento *automático* de los intereses»[25]. Uno puede apoyar en los datos científicos, pero en ningún caso convertirlos en el juez de paz de las negociaciones.

Por lo demás, los Estados no son las únicas partes interesadas en el «teatro de las negociaciones». Las Conferencias de las Partes (COP), como el festival de Aviñón, también tienen su versión *off*. Por un lado, están las delegaciones oficiales de los Estados, que forman la COP propiamente dicha. Por otro, está la «sociedad civil», compuesta principalmente por *lobbies* y ONGs, que se reúne aparte. La sociedad civil puede hacer proposiciones, que se tomarán en cuenta o no, pero no participa de las negociaciones. Los únicos que llegan a acuerdos, cuando llegan, son los Estados.

Esta división, según Latour, ya no es «realista». El cambio climático ha puesto en crisis los Estados naciones modernos. Se trata de un fenómeno global y local a la vez que ya no puede abordarse en el marco de las fronteras nacionales. Hoy, en cada territorio coexisten varias «soberanías»: la del Estado, pero también las de las empresas nacionales o multinacionales, de los movimientos sociales, de metrópolis o regiones cuyo poder crece día a día... Una verdadera negociación sobre el clima debe tomar en consideración este nuevo dato político, la «multiplicación de las partes interesadas» e incluir a todas ellas en el interior del recinto, «en igualdad de condiciones soberanas».

Tercera regla: no todas las delegaciones que participan en el «teatro de las negociaciones» son humanas. La crisis am-

---

[25] *Ibid.*, p. 334.

biental debe llevarnos a abandonar la oposición entre naturaleza y cultura, entre los «no humanos» y los «humanos»[26].

Entre las delegaciones que participaron de la simulación, encontramos también los «Suelos» y los «Océanos», las «Especies en vía de extinción», los «Activos abandonados del petróleo», junto con los «Pueblos indígenas», las «Ciudades», las «Organizaciones internacionales», «Rusia», «Brasil» o las «Potencias económicas». Una delegación puede representar a «humanos» o a «no humanos» o a una mezcla de ambos, como en el caso de las delegaciones «Ártico» y «Amazonia».

Cada delegación está compuesta de cinco personas: un representante gubernamental, un actor económico, un representante de la sociedad civil, un científico y un quinto miembro elegido libremente. El carácter «híbrido» de las delegaciones es una manera de representar la fragmentación de las soberanías. En el caso de la Conferencia de las Partes verdadera, el Grupo Intergubernamental de Expertos sobre el Cambio Climático (GIEC) es una fuerza político-científica en toda regla puesto que sus informes constituyen la base de las discusiones. En el marco del «teatro de las negociaciones» latouriano, en cambio, la ciencia se encuentra dispersa en todas las delegaciones.

El mecanismo central de la simulación política es lo que Latour llama la «regla de composición»[27]. Cada entidad representada por una delegación se encuentra en un territorio. Para Latour, la pertenencia a un territorio es «lo verdaderamente esencial». Aquí el sociólogo se identifica con Carl Schmitt y hace suyo el concepto de «*nomos* de la tierra»: «En el comienzo [del derecho] se encuentra el cerco», dice Schmitt, es decir, la frontera del territorio, fuente del orden ju-

---

[26] Sobre este punto, véase Bruno Latour, *Nous n'avons jamais été modernes. Essai d'anthropologie symétrique*, París, La Découverte, «Poche/SHS», 2006 [ed. cast.: *Nunca fuimos modernos. Ensayo de antropología simétrica*, Buenos Aires, Siglo XXI de Argentina, 2007].
[27] *Ibid*, p. 342.

rídico[28]. No obstante, al sobrevenir la crisis ambiental, la disputa por los territorios se hizo más intensa. Los Estados naciones ya no consiguen imponer una soberanía unificada, como lo hacían en los umbrales de la época moderna analizada por Schmitt. La «regla de composición» invita así a que cada delegación, estatal o no, humana o no humana, diga desde donde habla, qué territorio ambiciona, cuáles son sus intereses (económicos y de otra índole) y que señale quiénes son sus amigos y quiénes sus enemigos. «La paradoja de las negociaciones sobre el clima es que hay que hacer comprender a los protagonistas que lo que están librando entre sí es una guerra, ¡aunque se crean en situación de paz!»[29]. Para Latour, estas negociaciones solo tendrán oportunidad de llegar a buen término si se manifiestan como lo que realmente son: puras relaciones de fuerzas entre las partes presentes. Solo cuando esas relaciones de fuerzas se hagan públicas aparecerá la posibilidad de hacer concesiones mutuas; Latour habla de *espaciamientos*.

Sobre este punto –y solo sobre este punto– Latour se aproxima a la teoría de la «acción comunicativa» de Jürgen Habermas, quien sostiene que la explicitación de los intereses en el espacio público permite relativizar el peso de las asimetrías de poder y hacer emerger las condiciones de un procedimiento político justo[30].

En su última obra, ¿Dónde aterrizar?, Latour sostiene que los libros de quejas del tipo de los redactados por el pueblo

[28] Véase Carl Schmitt, *Le Nomos de la terre dans le droit des gens du jus publicum europeaum*, París, Presses Universitaires de France, 2001, p. 78 [ed. cast.: *El Nomos de la tierra*, Madrid, Centro de estudios constitucionales, 1979].

[29] Bruno Latour, «Comment gouverner des territoires (naturals) en lutte?», cit., p. 345.

[30] Véase Jürgen Habermas, *Théorie de l'agir communicationnel*, tomos I y II, Fayard, París, 1987 y 1997 [ed. cast.: *Teoría de la acción comunicativa*, Barcelona, Editorial Taurus, 1999].

francés en 1789 permitirían progresar en la resolución de la crisis que atravesamos:

En unos pocos meses, agitado por la crisis general, estimulado por modelos impresos, un pueblo del que se decía que carecía de capacidad, fue capaz de representarse los conflictos de territorio que él mismo pedía reformar[31].

Los libros de quejas son una vasta empresa descriptiva que busca responder esta pregunta: ¿en qué mundo vivimos? Cartografían un «entorno social», «parcela de tierra tras parcela de tierra, privilegio tras privilegio, impuesto tras impuesto». La agregación de las reclamaciones da lugar, en un segundo tiempo, a la reivindicación de un cambio de régimen. Latour preconiza proceder hoy del mismo modo: primero describir, una tarea que, vista la complejidad del mundo natural y social, está lejos de darse por descontada. A partir de allí, decidir cuál será el régimen político adaptado.

El carácter conflictivo, agonístico, de las negociaciones sobre el clima señalado por Latour ha quedado demostrado. Ya no serán suficientes los discursos moralizadores que invocan las «generaciones futuras»: Las políticas ambientales son la expresión de las relaciones de fuerzas del momento. Solo una vez que se admita esta dimensión, podrá –tal vez– lograrse algún progreso.

¿UNA ASAMBLEA DEL FUTURO?

Otra receta para las marmitas del futuro es la propuesta por el filósofo Dominique Bourg, quien desde hace muchos años reflexiona sobre una modificación institucional de las de-

---

[31] Véase Bruno Latour, *Oú atterrir? Comment s'orienter en politique*, La Découverte, París, 2017, p. 123 [ed. cast.: *Dónde aterrizar. Cómo orientarse en política*, Barcelona, Taurus, 2019].

mocracias representativas que las haga capaces de afrontar por fin el desafío del cambio climático. Su proyecto de «Asamblea del futuro»[32] consistiría en agregar a las dos cámaras existentes, la Asamblea nacional y el Senado, una tercera a cargo del porvenir.

Esta proposición se sustenta en una comprobación: lo que Pierre Rosanvallon llama la «miopía de las democracias» o su «preferencia por el presente»[33]. Si las democracias representativas se han manifestado incapaces de encontrar soluciones al cambio climático, ello se debe a que favorecen el corto plazo. Se trata de un defecto congénito que no está asociado a una mediocridad pasajera de la clase política ni al egoísmo de las poblaciones en relación con las futuras generaciones. Un mandato electivo dura entre cuatro y siete años, según los países y los cargos políticos. Y se juzga la acción del elegido durante ese tiempo. Ahora bien, en la escala de los problemas ambientales, de cuatro a siete años, es muy poco. La temporalidad pertinente que les corresponde va más bien del medio siglo a los mil años. Según Bourg, se trata, en consecuencia, de insuflar en las democracias una mayor preocupación por el largo plazo.

¿Cómo podría ser esta asamblea? Para Dominique Bourg, no sería representativa –sus miembros no serán elegidos a la manera de los diputados, ni siquiera como los senadores–, para protegerla de las querellas partidarias y el cortoplacismo. Podría ser una emanación del Consejo económico, social y ambiental (CESE) dotado de mayores poderes. La asamblea del futuro no votará las leyes, pero podrá preparar proyectos

---

[32] Véanse en particular Dominique Bourg y Kerry Whiteside, *Vers une démocratie écologique. Le citoyen, le savant et le politique*, París, Seuil, 2010 y Dominique Bourg *et al.*, *Inventer la démocratie du XXI siècle. L'Assamblée citoyenne du futur*, París, Les liens qui libèrent/Fountation pour la nature et l'homme, 2017.

[33] Véase Pierre Rosanvallon, «Le souci du long terme», en Dominique Bourg y Alain Papaux (comp.), *Vers une société sobre et désirable*, París, Presses Universitaires de France, 2010.

de ley y someterlos a la discusión de las otras dos cámaras que continuarán siendo soberanas. Estos proyectos de ley versarán sobre la especialidad de la asamblea: el futuro y muy particularmente, el cambio climático.

Cuando algún proyecto de ley emanado de las otras cámaras presente un riesgo ecológico, esta asamblea tendrá además el poder de exigir que se suspenda y se vuelva a discutir. Dispondrá pues de un poder de «alerta legislativa»[34], sobre todo cuando los proyectos de ley no hayan tenido en cuenta los límites de la biosfera, por ejemplo, en materia de utilización de recursos hídricos o de emisiones de gases de efecto invernadero.

La asamblea del futuro será asimismo una «interfaz entre la inteligencia ciudadana y la decisión». Actualmente ya existen múltiples experimentaciones ecologistas locales que prefiguran una organización económica y social sostenible. La asamblea del futuro será la caja de resonancia de esas experimentaciones. Contribuirá no solo a darlas a conocer sino a hacerlas «crecer a una escala mayor». Para Dominique Bourg, la importancia conferida a las experimentaciones locales, así como el uso de nuevas tecnologías digitales —las *civic tech*, que permiten las deliberaciones en línea— impedirá que esta asamblea se transforme en una «dictadura de los expertos».

La asamblea del futuro estará compuesta de tres colegios de cincuenta diputados. El primero, formado por ciudadanos promedio escogidos al azar[35]; el segundo colegio estará compuesto por «especialistas en cuestiones ambientales» y el tercero agrupará a miembros de la sociedad civil «organizada»: ONG, asociaciones, sindicatos, empresas... La cámara estará supervisada por un «alto consejo del largo plazo», cuyo fun-

---

[34] Dominique Bourg *et al.*, *Inventer la démocratie du XXI siècle*, cit., p. 47.
[35] «Esta selección aleatoria de una muestra representativa de la población francesa podría estar a cargo del Insee (Instituto Nacional de Estadísticas y Estudios Económicos), sobre la base del censo, a fin de maximizar el carácter inclusivo del grupo elegido», *ibid*, p. 56.

cionamiento será semejante al del GIEC (Grupo Intergubernamental de Expertos sobre el Clima) que a su vez cumplirá la función de «vigilancia científica».

La idea de Bourg, según la cual la política se sustenta en el tiempo, es decir, que las temporalidades políticas pueden ser discordantes, es crucial; pero conviene señalar algunos matices: en el pasado, las democracias mostraron ser capaces de organizar el largo plazo. Los grandes proyectos industriales financiados por el Estado durante varias décadas o la seguridad social implicaron una proyección en el futuro lejano. Si todo aquello fue posible, no hay razones para pensar que no ocurrirá lo mismo con las políticas climáticas. Pero todo dependerá de la relación de fuerzas entre quienes tienen interés en el cambio y quienes se contentan con el *statu quo*. El tiempo político es en función de la lucha de clases.

Las proposiciones de Bruno Latour y de Dominique Bourg tienen el mérito de interrogarse concretamente sobre los contornos de una democracia ecológica futura. Pero el límite común de esas «recetas» es que no atacan la raíz del problema: la dialéctica del productivismo y el consumismo, las nuevas necesidades artificiales que suscita, su carácter alienante para la persona y destructor para el medioambiente. Por bien elaboradas que estén, esas proposiciones no mencionan en ningún momento el capitalismo, ni siquiera la economía en general. Teorizan sobre la política en sus vínculos con la naturaleza –tal es la idea de las «políticas de la naturaleza» tan apreciada por Latour[36]– pero nunca en relación con el mercado, el mundo financiero, el trabajo, el imperialismo, las clases sociales, las desigualdades…

No obstante, hay que rendirse a la evidencia: la crisis ambiental actual es la consecuencia del capitalismo industrial tal como se ha desarrollado desde finales del siglo XVIII. Lo que

---

[36] Véase Bruno Latour, *Politiques de la nature. Comment faire entrer les sciences en démocratie*, París, La Découverte, 1999 [ed. cast.: *Políticas de la naturaleza. Por una democracia de las ciencias*, Barcelona, RBA, 2013].

hemos llamado la revolución industrial también, y sobre todo ha sido una revolución *fósil*[37]. Si no hubiese estado conectado a un sistema energético basado en el carbón, en el gas y el petróleo, el capitalismo no habría experimentado nunca un desarrollo global de tal amplitud. Nunca habría conseguido crear «un mundo a su imagen», para retomar la expresión de Marx. Ignorar este dato es dejar de lado lo esencial.

MUNICIPALISMO LIBERTARIO Y PODER DE LOS CONSEJOS

Los movimientos originarios de consumidores –fines del siglo XIX y principios del XX– no separaban las cuestiones del consumo de las de la producción. Un siglo más tarde, la crisis ambiental hace que sea urgente recuperar aquella estrategia, la única que permitirá luchar eficazmente contra el productivismo y el consumismo capitalistas, principales causas de la crisis. De ahí la idea de crear una federación de asociaciones de productores-consumidores, emanada de las asociaciones de consumidores actuales, pero que convergerían con los sindicatos. El objetivo de esas asociaciones sería deliberar sobre las necesidades: qué producir para satisfacer qué necesidades. E imponer, mediante la relación de fuerzas con los capitalistas, una estructura de las necesidades sostenible y universalizable.

Tiene razón Bruno Latour cuando dice que la crisis ambiental nos obliga a repensar la soberanía moderna, a no remitirnos ya exclusivamente a los Estados. En otra vena, el pensador anarquista Murray Bookchin sostiene que la transición ecológica solo podrá lograrse si se relocaliza la vida social en la escala de las regiones o de las ciudades, «por debajo» del plano estatal-nacional[38].

---

[37] Véase Elmar Altvater, «The social and natural environment of fossil capitalism», *Socialist Register* 43 (2007).
[38] Véase Murray Bookchin, *Pour un municipalisme libertaire*, Lyon, Atelier de création libertaire, 2003. Ulrich Beck afirma, por el con-

Las asociaciones de productores-consumidores podrían organizarse siguiendo el modelo del «municipalismo libertario», desarrollado por Bookchin en los años setenta[39]. Para él, la emancipación será urbana o no será. El problema es que las megalópolis actuales no son apropiadas para la política revolucionaria:

> Nueva York o Londres no tendrían los medios de reunirse en asamblea si quisieran imitar a la Atenas antigua, con su cuerpo de ciudadanos relativamente poco numeroso. En realidad, estas dos urbes ya no son ciudades en el sentido clásico del término, ni siquiera municipalidades según los estándares urbanísticos del siglo XIX. Observadas desde un punto de vista estrictamente macroscópico, son salvajes proliferaciones urbanas que engullen cada día a millones de personas [...][40].

Nueva York o Londres están formadas por barrios de «carácter orgánico» que disponen de cierta coherencia territorial y cultural. La «comuna» debe implantarse en esta escala reducida antes de que la necesidad de coordinación logística, comercial o sanitaria de esos barrios engendre una federación. Por vías indirectas, Bookchin recobra un modo de organización política experimentada un siglo antes durante la Comuna de París.

---

trario, que la crisis ambiental es el mejor argumento a favor de la construcción europea. Los movimientos de poblaciones –las «migraciones climáticas»– que provocarán en el futuro las catástrofes naturales suponen reorganizar las sociedades en el nivel continental, situándose, por lo tanto, «por encima» de la escala estatal nacional. Véase Ulrich Beck, *Qu'est-ce que le cosmopolitisme?*, París, Aubier, 2006.

[39] Véase una presentación en Vincent Gerber y Floréal Romero, *Murray Bookchin, pour une écologie sociale et radicale*, París, Le Passager clandestin, 2014.

[40] Véase Murray Bookchin, «Le municipalisme libertaire. Une nouvelle politique communale?», p. 6 [https://www.revuesilence.net/nume ros/262-Quelle-democratie/le-municipalisme-libertaire-une-nouve lle-politique-communale].

En efecto, la primera aparición de los consejos de barrio en la época moderna se remonta a la Comuna de 1871[41]. Se cristaliza entonces la idea de que la democracia debe anclarse en un espacio físico lo más cercano posible a los ciudadanos[42]. Durante la Comuna, ese espacio físico será el de los distritos que se reunirán en el seno del «Comité central republicano de los veinte distritos de París», órgano de dirección de los primeros tiempos del levantamiento. La democracia «comunal» se forja en un contexto de crisis aguda del Estado y también de oposición al Estado.

La gran novedad de los procesos revolucionarios del siglo XX, de Rusia a Italia, pasando por Alemania, Hungría y más recientemente la Argentina[43], es que pusieron en tensión dialéctica esa «democracia territorial» con la «democracia de empresa», para retomar la terminología de Daniel Bensaïd[44]. La Comuna se había interesado en la reorganización de la economía, pero en una medida menor[45]. En ocasión de aquel

[41] Véase Yohan Dubigeon, *La Démocratie des conseils. Aux origines modernes de l'autogovernement*, París, Klincksieck, 2017, cap. 1. Sobre el surgimiento de nuevas formas políticas durante la revolución de 1848, véase Samuel Hayat, «Participation, discussion et représentation: l'expérience clubiste de 1848», *Participations* 2/3 (2020).

[42] Esta es una idea antigua que ya encontramos, por ejemplo, en Rousseau, en sus *Considérations sur le gouvernement de Pologne*, en *Œuvres complètes*, tomo 3, París, Gallimard, «Bibliothèque de la Pléiade», 1964 [ed. cast.: en *Proyecto de Constitución para Córcega. Consideraciones sobre el Gobierno de Polonia*, Madrid, Editorial Tecnos, 1988].

[43] Véase Marcel Van der Linden, *Workers of the World. Essays Toward a Global Labor History*, Leyden, Brill, 2008, cap. 8 [ed. cast.: *Trabajadores y trabajadoras del mundo. Ensayos para una historia global del trabajo*, Buenos Aires, Imago Mundi, 2019]. Véase también, sobre el caso argentino, Maxime Quijoux, «Convaincre ou produire? Genèse et formes de participation ouvrière dans une usene "récupérée" d'Argentine», *Participations* 1/5 (2013).

[44] Daniel Bensaïd, *La Politique comme art stratégique*, París, Syllepse, 2011 [ed. cast.: *La política como arte estratégico*, Barcelona, La oveja roja, 2013].

[45] Véase Yohan Dubigeon, *La Démocratie des conseils*, cit., pp. 76-78.

proceso, el anclaje local de la democracia se combinó con una apropiación colectiva de los medios de producción, esto es, con una ofensiva contra la propiedad privada. Se impuso entonces la idea de controlar la economía, de no dejarla fluctuar a merced de los humores del mercado. Las relaciones entre estas dos formas de democracia son forzosamente conflictivas. El territorio y la empresa hoy constituyen fuentes de legitimidad política distintas, cada una con su lógica propia. Pero, en todo caso al principio, esa conflictividad es portadora de progresos democráticos y de igualdad material.

Aunque el municipalismo bookchiniano se basa en un principio territorial, habría que agregarle un anclaje en la empresa. Si bien en sus comienzos Bookchin fue militante sindical nunca consideró que las luchas en el lugar de trabajo fueran una dimensión central de su política de emancipación[46]. En su opinión, tampoco el control democrático de la producción –la planificación– era un aspecto decisivo. Sin embargo, solo cuando se politicen conjuntamente las esferas de la producción y del consumo (de la vida cotidiana) se pondrá freno a la dialéctica del productivismo y del consumismo. Una federación de asociaciones de productores-consumidores es el instrumento político que nos hace falta para pensar y actuar colectivamente en la crisis ambiental.

A lo largo de los procesos revolucionarios del siglo XX hemos visto surgir en varias ocasiones «consejos obreros». Esos consejos podrían vivir una segunda juventud –con una forma renovada– como consecuencia de la profundización de la crisis. Las asociaciones de productores-consumidores podrían ser los consejos del siglo XXI, una instancia política que permita a la vez combatir la crisis ecológica y sobrevivir a ella. Y en ese mismo movimiento darían lugar a un fortalecimiento de la democracia. ¿Cómo? Para comprenderlo, es necesario dar un rodeo por la historia.

---

[46] Véase Vincent Gerber y Floréal Romero, *Murray Bookchin, pour une écologie sociale et radicale*, cit., p. 41.

Muchos, incluidos sus propios partidarios, han caricaturizado con frecuencia los consejos obreros. El hecho es que se trata de una institución compleja. Si nos detenemos en la Revolución rusa, periodo en el que se expandieron, podemos comprobar la existencia de muchos tipos de consejos o «sóviets»: consejos de diputados –el sóviet de Petrogrado en particular, que aparece por primera vez durante la revolución de 1905 y luego en febrero de 1917–, consejos de fábrica, consejos de distrito, consejos de soldados... Marc Ferro habla de «constelación de sóviets» para describir la situación que prevalecía en Rusia después de la revolución de febrero[47]. Estos consejos no respondían a un plan predeterminado. Aun cuando las organizaciones políticas –bolcheviques, mencheviques, socialistas-revolucionarias, anarquistas...– tuvieron participación en su creación, al principio fueron fruto de la actividad espontánea de la población. Cada tipo de consejo ejercía una función particular. El sóviet de Petrogrado, o «sóviet de los diputados», era –o quería ser– el parlamento del proletariado, de los obreros y de los soldados, pero desde el origen, su legitimidad estuvo cuestionada por los partidos y por un poder obrero que, con el correr de los meses, se autonomizó.

Los consejos de fábrica o consejos obreros emanan del lugar de trabajo. Al comienzo del proceso revolucionario, establecen una relación de fuerzas con los patrones, organizan cajas de huelga y mutuales obreras. Luego, una vez que han echado a los patrones, se hacen cargo de la producción. «Así nació la autogestión», comenta Ferro[48]. Durante un tiempo, los consejos de fábrica constituyen una «correa de transmisión» entre el sóviet de los diputados y las masas. Con el as-

[47] Véase Marc Ferro, *Des soviets au communisme bureaucratique, Les mécanismes d'une subversión*, París, Gallimard, 2017, p. 30. Véase también Oskar Anweiler, *Les Soviets en Russie (1905-1921)*, París, Gallimard, 1972.

[48] *Ibid.*, p. 108.

censo de la ola revolucionaria y la deslegitimación del gobierno provisional, se organizan de manera autónoma y a fin de mayo se reúnen en Petrogrado en ocasión de una conferencia de los consejos de fábrica.

Los consejos de distrito o de barrio están organizados sobre una base territorial, esencialmente urbana. Sus funciones son numerosas: abastecimiento, tareas de policía y de defensa de la población, requisición de apartamentos vacíos para los sin techo, organización de cuidado de niños, ayuda a los ancianos... En suma, su rango de acción es la vida cotidiana. Como consecuencia del proceso revolucionario y de la guerra, las instituciones estatales ya no garantizan el curso normal de la vida social. Los consejos de barrio emergen de ese vacío. A semejanza de los consejos de fábrica, su poder se autonomiza y se radicaliza a medida que se acerca octubre.

El poder de los consejos obreros resulta pues de su anclaje en la esfera productiva (consejos de fábrica) y en la vida cotidiana (consejos de barrio). Este primer estrato de consejos responde a un segundo estamento formado por los sóviets de diputados, las conferencias «interfábricas» o «interbarrios» que se reúnen en el nivel de la ciudad o del país para ocuparse de las cuestiones en juego más globales. Antes de que el estalinismo cortara de cuajo la experimentación, la forma de encaje de los consejos entre sí era pues el de una federación.

Todos los procesos revolucionarios del siglo XX han engendrado instituciones de este estilo, adaptadas a las especificidades locales. Este tipo de colectivos es el ámbito más propicio para deliberar y luego actuar sobre la pregunta que nos hemos estado haciendo: «¿qué producir y para satisfacer qué necesidades?». Se trata de recobrar lo que fue el objetivo del movimiento obrero a comienzos del siglo XX, es decir, el control democrático de la producción y del consumo. Las asociaciones de productores-consumidores son la herramienta política que permitirá lograrlo. La deliberación acerca de las necesidades a la que dedicarán sus energías apunta a hacer evolucionar la democracia en el contexto de la crisis ambiental, dotándola de verdaderos poderes, es decir, de poder sobre la economía.

Los proyectos de transición ecológica que ponen el acento en dominar la utilización de los recursos naturales y de los flujos de energía –la sobriedad– servirán de marcos a las asociaciones de productores-consumidores. Estas tendrán entre sus objetivos politizar esos proyectos de modo tal de no dejarlos en manos de los «expertos». En su mayor parte, las revoluciones del siglo XX tuvieron lugar en países poco desarrollados o en contextos de escasez debida a la guerra o las crisis. Esta situación explica por qué a menudo han desembocado en políticas económicas «desarrollistas» destinadas a acrecentar la riqueza material dejando de lado otras consideraciones. Nosotros, en cambio, sabemos que vivimos en sociedades de abundancia. En consecuencia, nos hace falta verificar en cada ocasión que las decisiones productivas que tomemos sean compatibles con los datos ambientales.

Las asociaciones de productores-consumidores podrán inspirarse en las experiencias de «presupuestos participativos» que se han multiplicado a lo largo de las últimas décadas tanto en los países del Sur como en los del Norte[49]. El presupuesto participativo de la ciudad de Porto Alegre en Brasil de los años noventa es un caso paradigmático que ha influido en el movimiento altermundista[50]. Un presupuesto participativo permite que una asamblea de ciudadanos tome a su cargo la totalidad o una parte de las finanzas públicas de una colectividad y decida democráticamente asignar esos fondos a tal proyecto (por ejemplo, la reforestación) antes que a tal otro (la construcción de una autopista).

La diferencia, esencial, es que, en el marco de estas experiencias, la deliberación no gira alrededor de las decisiones de

---

[49] Véase Yves Sintomer et al., *Les Budgets participatifs en Europe. Des services publics au service du public*, París, La Découverte, 2008.
[50] Véase Simon Langelier, «Que reste-t-il de l'expérience pionnière de Porto Alegre?», *Le Monde diplomatique*, octubre de 2011.

producción sino alrededor del presupuesto, es decir, de los recursos fiscales que engendra la actividad económica. La asamblea podrá decidir orientar la deliberación en un sentido o en otro. Y es muy diferente. Para alcanzar una organización económica y social duradera, para oponer resistencia a la lógica del productivismo y el consumismo, el control de la producción es crucial. La conexión entre la definición de las necesidades y las decisiones de producción debe institucionalizarse. Las asociaciones de productores-consumidores son una modalidad de esa institucionalización.

La organización territorial de las asociaciones de productores-consumidores puede estar reforzada por comisiones temáticas que estudien temas específicos, como los transportes o la cultura. Así es como funcionaba el presupuesto participativo de Porto Alegre[51]. Esas comisiones podrían estar compuestas, digamos, por miembros elegidos de las asociaciones en el nivel de una ciudad o de una región. Podrían participar representantes del Estado, de las colectividades locales, administradores encargados de poner por obra las decisiones o también miembros de asociaciones. Como en toda experiencia de democracia participativa, la deliberación sobre las necesidades supone una asistencia técnica: estadísticos, informáticos, programadores, juristas...

Hay que socializar el consumismo y, de ese modo, combatirlo. Las asociaciones de productores-consumidores favorecerían la desalienación esforzándose por reconectar los problemas relativos a la producción y los relativos al consumo de tal modo tal que se los aborde conjuntamente y no de forma separada, como quiere la lógica del capital. Pero esto solo será posible si dichas asociaciones incrementan, en un mismo movimiento, el poder del individuo y su autonomía frente a la mercancía y solo si toman seriamente la afirmación de Marx según la cual el libre desarrollo de cada individuo es la condi-

---

[51] Véase Erik Olin Wright, *Utopies réelles*, París, La Découverte, 2017, p. 250 [ed. cast.: *Construyendo utopías reales*, Madrid, Akal, 2014].

ción del libre desarrollo de todos. Para decirlo de otro modo, las necesidades colectivas están basadas siempre, en última instancia, en necesidades individuales, pues estas son las que urge emancipar.

Las asociaciones de productores-consumidores desarrollarían así una nueva crítica de la vida cotidiana, en la escala microsociológica, procurando hacer emerger «desde abajo» una estructura de las necesidades universalizable. Esta crítica solo puede ser colectiva, no únicamente a causa de la complejidad de las sociedades contemporáneas, sino también porque debe desembocar en movilizaciones que suponen la implicación de las multitudes. Y solo puede ser *organizada*, es decir, debe estar anclada en formas políticas duraderas.

La experiencia de los Deudores anónimos y otros «círculos de la sencillez» muestra que la solución pasa por la participación de los individuos en grupos. En materia de necesidades, es un error oponer lo individual a lo colectivo. Grupos de dimensiones reducidas, funcionando de manera igualitaria y en los que ninguna decisión se impone desde arriba: tal es la escala más adaptada a la deliberación sobre las necesidades, las necesidades definidas, no ontológicamente sino dialógicamente. Lo cual no impide que emerjan federaciones que lleven el modelo a una escala mayor.

Sobre este punto, las asociaciones de productores-consumidores presentan una afinidad con la «pedagogía de los oprimidos» desarrollada por el pedagogo brasileño Paulo Freire. Según Freire, los oprimidos, «han hospedado al opresor dentro de sí»[52]. Como en el caso del «enemigo interior» que representa el alcoholismo combatido por la Federación de tra-

---

[52] Véase Paulo Freire, *Pédagogie des opprimés*, Librairie François Maspero, París, 1974, p. 22 [ed. cast.: *Pedagogía del oprimido*, Madrid, Siglo XXI de España, 2012]. Sobre la influencia de Freire en los movimientos sociales de 1968, véase Lilian Mathieu, «La "conscientisation" dans le militantisme des années 1970», en Philipe Haman, Jean Matthieu Méon y Benoît Verrier (comp.), *Discours savants, discours militants: mélange des genres*, París, L'Harmattan, 2002.

bajadores contra el alcoholismo, la opresión ha hecho nido en el corazón y el espíritu del oprimido. Extirparla supone trabajar pacientemente para tomar conciencia de los mecanismos de la alienación.

Paradójicamente, la «pedagogía de los oprimidos» consiste en hacer tomar conciencia a una persona de algo que ella en el fondo ya sabe. En Freire, la reminiscencia es política. El educador interviene pero, en el proceso, también él se educa. En esa «concientización», él no aporta un saber completo. Fundamentalmente, el aprendizaje es indisociable de la acción militante, mediante la cual los sujetos experimentan su potencia recién adquirida, lo cual les permite seguir acumulando mayor seguridad en sí mismos. Curarse del consumismo tiene ese precio.

CAPÍTULO VIII

Regreso al futuro: Gramsci con Gorz

En ocasiones es más fácil comprender los elementos destacados de una coyuntura política recurriendo a las reflexiones de pensadores del pasado. Súbitamente, sus análisis recobran actualidad, a veces después de un largo eclipse, pues arrojan luz sobre esenciales aspectos determinantes del nuevo periodo. Como dice Ernst Bloch a propósito de Thomas Münzer y sus rebeliones campesinas en la Alemania del siglo XVI, «la más antigua profecía correspondía bruscamente a la realidad más efectiva de una acción política»[1]. En los umbrales de la época moderna, el cura Münzer –una de las figuras de la «reforma radical»– transmuta la profecía cristiana para transformarla en comunismo milenarista.

Gramsci y Poulantzas, cuando se trata de analizar las transformaciones del Estado, en sus relaciones con el neoliberalismo; Gorz y Heller, si queremos abordar la teoría de las necesidades, en su vínculo con la crítica de la alienación y un pensamiento de la transición ecológica: estamos hablando de las dos corrientes más pertinentes del marxismo para comprender el mundo actual. Ellos son quienes podrán orientarnos teórica y políticamente en la crisis que se anuncia.

Todo estriba en que logremos combinar estas dos tradiciones que, en el seno del marxismo, nunca consiguieron combinarse verdaderamente. Gorz y Heller no evocan a Gramsci. En los años sesenta, Gorz cultiva lazos con ciertos sectores de

---

[1] Véase Ernst Bloch, *Thomas Münzer. Thélogien de la révolution* [1921], París, 10/18, 1975, p. 57 [ed. cast.: *Thomas Münzer, teólogo de la revolución*, Madrid, Antonio Machado, 2002].

la izquierda heterodoxa italiana que mantiene con Gramsci, erigido en pensador oficial del Partido Comunista, una relación ambivalente. La revista *Les Temps Modernes* –uno de cuyos organizadores es Gorz– se hace eco de esos debates y publica a autores como Lelio Basso, Bruno Trentin y Lucio Magri[2]. En la misma época, los problemas que se plantea Poulantzas, discípulo hereje de Louis Althusser y eurocomunista crítico, están alejados de los que preocupan a Gorz y a Heller. La cuestión de los espacios del capitalismo, de las «matrices espaciales y temporales» de la acumulación, está presente en el autor de *Estado, poder y socialismo*[3], solo que este la concibe en la escala macro antes que microsociológica.

En Gramsci encontramos consideraciones relativas a las necesidades, más exactamente a los «instintos», en el cuaderno de la cárcel n.º 22, titulado «Americanismo y fordismo». A sus ojos, todo sistema productivo crea los individuos que le corresponden, individuos cuyo carácter y personalidad están adaptados a las exigencias de ese sistema:

> El fenómeno estadounidense (es decir, el fordismo) es también el mayor esfuerzo colectivo realizado hasta el presente para crear, con una rapidez inusitada y una conciencia del objetivo perseguido nunca vista antes en la historia, un tipo de trabajador y de hombre nuevo[4].

El fordismo –Gramsci fue uno de los primeros en emplear este término– supone inventar un «hombre nuevo». Para lograr que el trabajador se acomode a la división «científica» del trabajo, primero hay que reprimir sus instintos. La creatividad y la imaginación son necesidades humanas básicas a las

---

[2] Véase, por ejemplo, el expediente «Données et problèmes de la lutte ouvrière», *Les Temps Modernes* 196-197 (1962).

[3] Véase Nicos Poulantzas, *L'État, le pouvoir, le socialisme*, cit., cap. 1.

[4] Véase Antonio Gramsci, *Guerre de mouvement et guerre de position*, cit., p. 292.

que ningún patrón podría dar libre curso en la fábrica pues disminuirían la productividad.

Gramsci sugiere que, puesto que todo sistema productivo implica una represión de los instintos, los instintos que reprimía el fordismo no eran «naturales» sino que ya eran producto de represiones anteriores[5]. En las consideraciones de Gorz y de Heller, los instintos, como las necesidades, tienen una historia, sometida a la evolución de las estructuras del capitalismo. Hasta el momento en que la socialización de los medios de producción, combinada con la acción revolucionaria, hace posible su emancipación.

Gramsci es también un pensador de las culturas populares, del «folklore» y del «sentido común». En el cuaderno de la cárcel n.º 21, esboza, por ejemplo, una incisiva tipología de las novelas populares: la novela policial, la novela negra, la novela «geográfica» del tipo de las de Julio Verne, la novela «vinculada con las ideologías de 1848», tales como *Los miserables*. Destaca la relación de los distintos géneros con la política y trata de comprender de qué manera interactúan con las «masas de sentimientos» presentes en la población. Esta atención puesta en lo popular, que en los años sesenta prolongarán los fundadores de los *cultural studies* –Stuart Hall, Raymond Williams, Richard Hoggard– se esfuerza por penetrar en el inconsciente colectivo a fin de identificar en él las aspiraciones revolucionarias.

Pero nada de esto hace una crítica de la vida cotidiana. En el seno del marxismo, esta crítica solo comienza a desarrollarse en la segunda mitad del siglo XX, en el momento en que la sociedad de consumo alcanza su paroxismo. El primer tomo de la *Critique de la vie quotidienne* de Henri Lefebvre, que da el disparo de salida a estas elaboraciones, se publica en 1947. Es cuando se cristaliza el «momento de alienación». Gramsci no tuvo el tiempo necesario para pensar el peso creciente del

---

[5] Gramsci evoca el psicoanálisis naciente en ese cuaderno n.º 22, escrito en 1934.

consumismo en el funcionamiento del capitalismo. La hibridación de esas dos corrientes es algo que aún falta efectuar. Arremeter contra el productivismo y el consumismo capitalistas es una tarea inmensa. Supone construir una relación de fuerzas con las clases dominantes que los sostienen, algo que solo será posible si las clases populares hacen fracasar las tendencias a la fragmentación y a la dispersión. Por ello, hay que inscribir el proyecto en el largo plazo, no imaginar que las rebeliones espontáneas bastarán por sí solas para acabar con el sistema. En suma, hay que dar pruebas de inventiva democrática cuya condición, hoy como ayer, es el pensamiento estratégico. La estrategia misma es indisociable del análisis de clases que apunta a sacar a la luz, en la estructura social de cada época, los sectores que están en condiciones de transformarse en vectores del cambio.

«Actuar como un primitivo, prever como un estratega», escribía René Char en sus libretas de resistente. En el contexto de la crisis ambiental, es urgente prever como un estratega, sin lo cual llegará a faltar hasta la posibilidad misma de actuar.

ÍNDICE